WJS CORSO

WJS

Thomas Nipperdey

Wie das Bürgertum die Moderne fand

CORSO bei Siedler

I.

Jeder weiss es: Die Jahrzehnte um 1800 haben die Welt, Europa und mit ihm Deutschland revolutioniert: politisch durch die liberal-demokratischen Revolutionen von 1776 und 1789 und ihre unerhörten Auswirkungen, die großen staatlich-bürokratischen Reformen; wirtschaftlich durch die industrielle Revolution, durch Maschine und Markt. An die Stelle der feudalen Gesellschaft und des feudalen Staates tritt die bürgerliche Gesellschaft und der bürgerlich-bürokratische Staat – auch wenn er noch nicht Demokratie wird; Industrie und kapitalistisch-rationales Wirtschaften werden die bewegenden Kräfte der Entwicklung.

Eine neue Zeit beginnt, alles ändert sich, auch der Mensch, sein Leben, seine Weltbilder, sein Verhalten. Er tritt aus der Übermacht der Traditionen und Gemeinschaften heraus, er wird selbständiger und individueller, er wird »innengeleitet«; er lebt in größeren Gruppen, weniger in dichten Kleingeflechten, in der »Gesellschaft« eben, nicht mehr in der Gemeinschaft; er wird im Zeichen von Vernunft und Autonomie und Ich-Bewußtsein reflektierter und darum auch – sentimentaler; es sind das Denken und die Reflexion, die von nun an anstelle von Anschauung und Überlieferung die Verhaltensnormen vermitteln, die Weltinterpretationen und den Lebenssinn. An die Stelle der Kultur des Auges tritt die Kultur des Ohres, die Kultur der Lebensinterpretation wird eine Kultur der Sprache.

Zu dieser Revolutionierung des Lebens gehört, in unserem Gedächtnis kaum erinnert, die Revolutionierung des Verhältnisses von Leben und Kunst. Die Kunst wird bürgerlich, das Leben kunstdurchdrungener, kunstbestimmter, ästhetischer; es ist zuerst die Interpretation des Lebens, für die die Künste wichtig und immer wichtiger werden; aber da alles gelebte Leben immer gedeutetes und verstandenes Leben ist, ist es zuletzt eben eine neue Verbindung von Kunst und Leben, um die es jetzt geht. Die Kunst selbst schließlich verändert sich, sie wird autonom. Dabei bedingen sich diese drei Veränderungen wechselseitig.

Wenn ich Verbürgerlichung der Kunst und Autonomie der Kunst in einem Atem nenne, dann übersteige ich das beliebte Oppositionsschema von den schönen oder nicht mehr so schönen Künsten und den scheußlichen Bürgern, den kunstfremden oder kunstfeindlichen Banausen, den Trivialisierern, die die Kunst, indem sie sie sich anzueignen suchen, zerstören. Das soll hier nicht noch einmal variiert werden – ich will vielmehr den Zusammenhang von Kunst und Bürgern bedenken, den Zusammenhang zwischen esoterischer Moderne und sich demokratisierender Bürgerkultur, denn so spitzt sich die Ursprungskonstellation von Verbürgerlichung und Autonomie zu. Dabei handle ich vom 19. Jahrhundert im allgemeinen und vom deutschen 19. Jahrhundert im besonderen.

Aber ich will auch an die Errungenschaften dieses bis gestern wenig geliebten, dieses bürgerlichen Jahrhunderts erinnern, will Gerechtigkeit für dieses Jahrhundert suchen und einprägen. Wir alle, Bürger und Künstler und Antibürger, sind ja Erben seiner Bürgerlichkeit. Niemand kann über Kunst und Leben in unserer Gegenwart fruchtbar nachdenken, ohne einen Blick in den Entstehungszusammenhang dieses modernen Verhältnisses getan zu haben.

Meine Überlegungen zielen dann darauf, die Entstehung der Moderne unseres Jahrhunderts aus dem Geist der bürgerlichen Kunstkultur des vorigen Jahrhunderts zu begreifen, auf die paradoxe Verschränkung des Unbürgerlichen mit dem Bürgerlichen. Der Leser ist eingeladen, dieser spannenden Herkunftsgeschichte zu folgen.

II.

Wir beginnen mit dem Phänomen der Verbürgerlichung der Künste, der ästhetischen Kultur. Das beschreibt einen Prozeß. Die Künste treten aus der Einbindung in Hof und Kirche und in die ständische Welt, des Adels und der Patrizier zum Beispiel, heraus, aus vorwiegend repräsentativen oder liturgischen oder schmückenden, geselligen, unterhaltenden Funktionen.

Natürlich, auch in älteren Zeiten ist große Kunst oft genug gerade da zustande gekommen, wo sie aus solchen Bindungen und Funktionszusammenhängen ausbrach oder sie doch überstieg. Aber grundsätzlich waren die Künste an jene vorbürgerlichen Hierarchien gebunden und »dienten« deren Bedürfnissen. Bildende Künstler und Musiker lebten in festen Familien- und Handwerkstraditionen, sie hatten ihren festen Platz in der Gesellschaft, ihre zugeschriebene Rolle, sie erfüllten Aufträge, und sie konnten sich, zunächst einmal, an feste Regeln halten. Die Geschichte vom Komponisten in »Ariadne auf Naxos« zeigt die Kunst im Rahmen einer so fest geordneten Gesellschaft und in deren außerästhetischen Zwecken und Wertmaßstäben und natürlich die aufkommende moderne Spannung des Künstlerindividuums gegenüber solcher Ordnung.

Verbürgerlichung bedeutet nun seit dem späten 18. Jahrhundert erst einmal, daß die Künste, sich von den ständischen Auftraggebern lösend, Sache des bürgerlichen, ständeübergreifenden Publikums, also der bürgerlichen Öffentlichkeit werden, der Allgemeinheit. Dazu gehört, daß Kunst nicht mehr anderen Zwecken dient, sondern an sich selbst wesentlich ist; Musik wird nicht mehr nebenbei, wie Tafelmusik zum Beispiel, konsumiert. Auf dieser Grundlage entsteht das, was wir alle kennen, das Musik-, das Kunst-, das Literaturleben, seine Institutionen – kälter und unfreundlicher gesagt: der Musik-, Kunst- und Literaturbetrieb.

Zum Beispiel die Musik. Im frühen 19. Jahrhundert entsteht neben dem privaten Konzert, zu dem man eingeladen ist, das öffentliche Konzertwesen; gegen Eintrittsgeld, im Abonnement oder per Subskription kommt man zu »Karten« für ein Konzert, Vereine und Gesellschaften organisieren das, später beteiligen sich auch Kommunen, zuletzt treten dann die kommerziellen Agenturen dazu.

In diesen Konzerten verdrängen professionelle Musiker die Amateure, Berufsorchester, die zum Beispiel aus den Hof- und Hofopernkapellen entstehen. Dann werden die Virtuosen und die Stars wichtig, ja sie werden herausragende Erscheinungen des Musiklebens; die Eisenbahn hat den reisenden Künstler beflügelt und ubiquitär gemacht: Paganini, Jenny Lindt, Franz Liszt – ihnen liegt die Öffentlichkeit zu Füßen. Musikenthusiasmus, Geniekult und Sensationslust verbinden sich da in eigentümlicher Weise.

Die Oper wird aus einer höfischen zu einer bürgerlichen Institution, das Parkett und die Ränge mit ihrem bürgerlichen Publikum siegen über die Logen. Die Oper wird zum Zentrum bürgerlicher repräsentativer Kultur, die großen Opernhäuser des zweiten Jahrhundertdrittels, auch in jenen Städten, die nicht Residenzen waren, etwa in Frankfurt, zeugen davon. Musik ist nicht mehr nur Teil eines Festes, sondern der Opernbesuch selbst wird zum Fest.

Der bürgerliche Kunstanspruch bestimmt auch die Sprache und die Stoffe der Oper, auch das Bürgerschicksal hat Anspruch auf Tragik, bürgerliche und historische Stoffe drängen die antiken und mythologischen allmählich zurück. Vor allem treten nationale Gegenstände und Themen nach vorn, man denke an den Siegeszug des Freischütz, der – nach seinem Entstehen freilich – zur nationalen Oper wird. Opernereignisse gewinnen Nachrichtenwert, es bilden sich regelrechte Opernparteien.

Das ist die Welt, in der dann Richard Wagner ein epochales Ereignis werden konnte, an dem sich die Geister, nicht nur der Musiker und Musikfreunde, schieden. Der deutschen Welt kam dabei der Föderalismus zugute, der Polyzentrismus der fürstlichen Residenzen und die Tatsache, daß die großen Bürgerstädte mit ihnen wetteiferten. 1850 gab es in Deutschland 23 Hofopern und über 100 städtische Theater, in denen auch Opern aufgeführt wurden.

Die dritte Säule des neuen Musiklebens waren Laienchöre, die Singakademien. Eine ganze Oratorienkultur entsteht, die nur noch in Bruchstücken in unser Gedächtnis hineinragt. Die Chöre vereinen sich in den großen regionalen Musikfesten, den rheinischen Musikfesten zum Beispiel, wie 1832 in Düsseldorf, ein »Musikalisches Olympia«, wie vor anderthalb Jahrhunderten die Zeitgenossen sagten. Überall verbreitet sich, weit ins Populare hineinreichend, der Männergesang, in Liedertafeln und Liederkränzen. Sie sollten dem Alltag den Abglanz einer »edleren Welt« vermitteln, »das Volksleben mit dem Rest der höheren Kultur« verbinden, so hat es der Pestalozzi-Schüler Nägeli formuliert. Und über die Volksschule wird das Singen, staatlich verordnet, auch Teil der allgemeinen Volksbildung, es dient der »Veredlung« des Gemütes.

Schließlich das private Musizieren der Laien: Klavierspiel, Gesang, Kammermusik, das Streichquartett, das wird in der Zeit der Romantik und des Biedermeier zu einem Stück der privaten Familien- und Geselligkeitskultur, das durchdringt die »höhere« Erziehung, ja übers Klavier gehört das zur gehobenen Wohnkultur. Die Klavierauszüge »zu vier Händen« machen die großen Werke, die Oratorien, die Symphonien, die Opern auch dem Laien fürs tiefere Eindringen zugänglich. Der wachsende Absatz von Noten und Musikinstrumenten ist für diese Laienkultur so charakteristisch wie die Ausbreitung des privaten Musikunterrichts, der Musikschulen und Konservatorien.

Musik ist binnen kurzem Teil des öffentlichen Gespräches und Teil der allgemeinen Bildung geworden. Nicht nur Hof und Kirche, sondern auch die Städte und die Mäzene in den Musikvereinen subventionieren die Musik; der Staat selber tritt noch kaum in Erscheinung. Musik wird ein wesentlicher Teil des bürgerlichen Lebens. Das war in Deutschland vielleicht besonders ausgeprägt, was aus manchen Sonder-Traditionen kam, aber es führte in die Irre, das auf Stereotype wie deutsche Innerlichkeit oder das Unpolitische der Deutschen zurückzuführen; jeder Vergleich mit anderen Ländern, mit England etwa, wo es ähnlich stand, zeigt das.

Ähnlich ist es mit der Verbürgerlichung in den anderen Künsten. Gemälde, Plastiken werden öffentlich zugänglich, aus den fürstlichen Galerien werden Kunstmuseen, mit der Zeit staatlich verwaltet und finanziert. Die großen Bürgerstädte, Hamburg, Köln, Frankfurt oder auch Hannover, mit ihren Stiftern, Sammlern und Mäzenen richten eigene Museen ein, die mit den fürstlichen Sammlungen konkurrieren. Nach der Jahrhundertmitte gehört das zunehmend zum Stolz einer Stadt.

Neben die Kunstmuseen treten dann die kulturhistorischen und historischen und später (nach dem Vorbild des Viktoria- und Albert-Museums in Kensington) die kunstgewerblichen Museen, vielfach aus Initiativen von Bürgern und Vereinen entstanden. Das Germanische Nationalmuseum (1852/53) in Nürnberg will gerade die bildenden Künste als hervorragenden Ausdruck des Nationalgeistes erfassen, ähnlich steht es mit dem partikularstaatlichen Pendant, dem Bayerischen Nationalmuseum von 1855 in München. Gegen Ende des Jahrhunderts werden die Sammlungen außereuropäischer Kunst, die Ausgrabungsaktivitäten im Orient, die Sammlertätigkeit von Auslandsreisenden auf dem Gebiete der Völkerkunde wichtig. Aber erst jetzt werden die Museen – über Öffnungszeiten und Beschriftungen – auch wirklich besucherfreundlich. Die Verbindung des Reisens mit der »sozialen Pflicht«, sich zu bilden, breitet sich aus, zum Beispiel über das System der Baedekersterne, die gerade auf auswärtige Museen und bestimmte berühmte Bilder in deren Sammlungen aufmerksam machen.

Andere Institutionen sind nicht minder wichtig. Die Akademien werden faktisch zu staatlichen Kunsthochschulen mit staatlich bezahlten Lehrern, und sie sind nicht nur für die Ausbildung wichtig, sondern über Ausstellungen, Wettbewerbe und Preise auch für die öffentliche Präsentation von Gegenwartskunst. Nicht staatlich und nicht so

»akademisch« sind die zahllosen freien Kunstvereine in den Städten seit den 1820er Jahren, die Künstler und Bürger miteinander verbinden sollten; sie wirken über Ausstellungen und Verkäufe, Verlosungen, Jahresgaben und »Nietenblätter« an der Verbreitung der zeitgenössischen Kunst, in Originalen wie in Lithographien, mit.

Kunst steht darüber hinaus im Dienst obrigkeitlicher wie bürgerlicher Selbstdarstellung und öffentlicher Erziehung. Das Bild in der Wohnung wird zur Norm der Bildungsbürger und dringt langsam ins gesamte Bürgertum vor und schließlich, freilich oft in der Entartung von Imitation und Kitsch, bis weit ins Kleinbürgertum und Bauerntum hinein, ja in die respektable Arbeiterschaft vor. Die zeichnenden und malenden Dilettanten spielen in der Vorphotographiezeit eine wesentliche Rolle, und darum auch die Malstunden. Die modernen Reproduktionstechniken verbreiten die Kenntnis klassischer wie zeitgenössischer Kunstwerke. Künstlerfeste und von Künstlern gestaltete Umzüge werden populär, Künstler dringen in die Salons ein. 1885 sollen anderthalb Millionen Menschen Kunstausstellungen in Berlin, das allerdings inzwischen die deutsche Metropole geworden ist, besucht haben. Bürgerliche Mäzene und vor allem Sammler kommen in den letzten Jahrzehnten des 19. Jahrhunderts auf, damit gewinnen Kunsthandel und Kunstmarkt an Bedeutung.

Auch die Plastik wird »bürgerlich«. Die neuen

Parks werden mit Brunnen und Figuren geschmückt, vor allem aber die Plätze der Städte mit Denkmälern, etwa achthundert sind in Deutschland bis 1883 aufgestellt worden. Nicht mehr nur Könige und Feldherren, sondern die Größen des »Geistes« werden denkmalswürdig, und die Bürger feiern sich in ihnen selbst. Kriegerdenkmäler, zuerst für 1813/15 und erst recht dann für 1870/71, gehören in unzähligen Städten und auch Dörfern zur öffentlichen Sichtbarkeit dazu. Germania, Bavaria und andere allegorische Damen bekommen Konjunktur.

Die »Denkmalswut« greift bald auch auf die Landschaft aus. Nationaldenkmäler wie die Walhalla oder der Hermann im Teutoburger Wald werden auf Berge oder Höhen gesetzt, und nach 1871 nimmt das mit den Sieges- und Friedensdenkmälern, nach 1890 mit Kaiser-Wilhelm- und Bismarck-Denkmälern gewaltig zu. Wie in der Stadt Denkmäler Trambahnhaltestellen bezeichnen, so werden regionale Denkmäler Ziele des Sonntagsausflugs und damit Teile des Alltags, der Lebenswelt. Es sind nicht nur Fürsten und Regierungen, sondern mehr noch Vereine und Bürger, die als Initiatoren und Stifter solche Denkmäler planen und bauen; es gibt regelrechte Denkmalsfeste, und sie werden volkstümlich. Politisches, Vaterländisches, Historisches verflicht sich mit der Kunst. Das öffentlich sichtbare Symbol ist, lange vor dem Fernsehzeitalter, eine Sache, die alle angeht.

Die repräsentative Architektur der Aristokratie und der Kirche wird von den Bürgern übernommen, von Kommunen, Institutionen, vom Staat, und also mit Steuermitteln finanziert wie von wohlhabenden Einzelnen. Kunstbauten wie Museen, Theater und Konzertsäle gewinnen jetzt zentralen Rang in den Städten, sie gehören geradezu zum Kern der Stadt und prägen ihr Gesicht. Dazu treten die Rathäuser, die Schulen, die Gerichte und Verwaltungen und endlich auch die repräsentativen Bauten der neuen Wirtschaftswelt.

Alle Architektur im Zeitalter des Historismus ist symbolisch, ist »sprechend«, verweist nämlich auf Ideen, auf Formen der Humanität. Darum auch wird die Gestaltung solcher Bauten Gegenstand des Streites, des politischen Konfliktes; ob dieses Rathaus oder ob gar der Reichstag gotisch oder »in Renaissance« gebaut werden sollte, das war in den Jahrzehnten um 1870 eine zentrale Frage, und solch ideenpolitischer Streit um den Stil setzt sich bis ins 20. Jahrhundert fort. Architektur ist das Hauptfeld einer Sache, die man bald Kunstpolitik nennen wird.

Auch die schöne Literatur verbreitet sich im Zuge der allgemeinen Leserevolution und der generellen Zunahme der Buch- und Zeitschriftenproduktion außerordentlich, es gibt immer mehr Leser und daher auch Literatur. Romane und Novellen (in den Zeitschriften oft vorabgedruckt) sind dafür besonders charakteristisch, aber auch die Lyrik und die Anthologien. Leih- und Volksbibliotheken werden Institutionen solcher Ausbreitung von Literatur, und selbstverständlich der Buchhandel neuen Stils und für neue Leserschichten. Allmählich werden Buchkauf, Buchbesitz und Bücherschrank (oder -regal) Normaltatbestände des bürgerlichen Lebens, die Anfänge des Bucherwerbs eine jugendliche Bildungsgewohnheit, die Klassiker ein Konfirmationsgeschenk.

Der Besitz von »Klassikern« und das Lesen von jeweils »neuer« Literatur gehören aber zusammen. Literatur wird in jeder Hinsicht ein unverzichtbarer Gegenstand der geselligen Unterhaltung und des ernsthaften Gesprächs und gehört zum Leben der bürgerlichen Vereine. Die jungen Mädchen haben ihre Poesiealben, die Jünglinge die poetisierten Stammbücher, sie dilettieren mit aller Inbrunst des Sichausdrückenwollens im Dichten: Jugend und Lyrik, das gehört für eine lange Zeit jetzt zusammen; ein Gymnasiast, der nicht Verse macht, fällt aus der Regel.

Auch das Theater wird jetzt eine bürgerliche Institution. Neben die Hoftheater treten private Unternehmertheater und vor allem immer mehr städtische Theater, oft von Vereinen und Mäzenen initiiert; wie die Hoftheater werden sie subventioniert und sind deshalb bald nicht ausschließlich vom Publikumsgeschmack abhängig. Gastierende Stars spielen wie im Musikleben eine geradezu enthusiasmierende Rolle. Der Theaterbesuch wird ein Normaltatbestand des bürgerlichen Lebens (mehr als der seltenere, festlichere, aber auch teurere Besuch der Oper). Der erste Theaterbesuch eines bürgerlichen Jungen oder Mädchens im »Wilhelm Tell« oder einem anderen Stück von Schiller wird zu einer Art Initiationsritus in die Welt der Erwachsenen. Das Theater ist Bildungstempel, Kultstätte, Diskussionsforum und Unterhaltungsstätte zugleich.

Das alles sind Formen, in denen sich die Verbürgerlichung der Künste zu erkennen gibt und zugleich die Art und Weise, in der die Bürger mit dem umgehen, was eben noch aristokratisches Privileg war. Zunächst, das ist sehr typisch für die deutschen Traditionen, nehmen Staat und Kommunen an der Kunst erheblichen Anteil: sie übernehmen einen großen Teil des Mäzenatentums der Fürsten und noch ein gutes Stück mehr. Kunst gehört zu den Kulturaufgaben des Gemeinwesens, Kunst wird über Aufträge, Institutionen, (Kunst-)schulen und beamtenähnliche Positionen subventioniert. Bestimmte Künste werden über die staatliche Normierung der Lehrinhalte zum Teil der Schulpflichten des Menschen. Schönheit soll Bildung in allen Klassen fördern.

Sodann, alle Künste werden Gegenstand der Publizistik. Bericht und Kritik und damit ästhetische Reflexionen werden in regelmäßigen Sparten der Zeitungen behandelt; sie werden Teil der öffentlichen Kommunikation (und darum des geselligen Gesprächs). Um 1900 wird etwas ganz Unerhörtes selbstverständlich: Zeitungen befragen Schriftsteller zu allen mehr oder minder aktuellen Tages-, Welt- und Lebensfragen. Die Meinung des Dichters zur Realität von Politik und Gesellschaft scheint relevant.

Bald werden alle Künste Gegenstände einer eigentümlichen Literarisierung. Weil alle Künste Bildungspflicht sind, gibt es eine im allgemeinen vorwissenschaftliche Darstellung der Geschichte jeder Kunst und ihrer Hauptwerke. Das kann wie ein Filter wirken: Man kennt dann nicht die Kunst und ihre Werke, aber man weiß aus einem Buch, was man darüber wissen muß. Das konnte auch Zugänge eröffnen. Vor allem aber hatte jede Kunst natürlich auch ihre eigene, durchaus ernsthafte (Kunst-, Musik-, Theater-, Literatur-)Literatur.

Auf den ersten Blick sind die Träger des neuen Umgangs mit den Künsten ganz allgemein die Bürger. Aber das muß man einerseits spezifizieren, andererseits erweitern. Zum einen spielen jene Gruppen unter den Bürgern eine Hauptrolle für die Bereiche der Künste, die von der Praxis, der wirtschaftlich-beruflichen Arbeit oder auch der politischen Tätigkeit entlastet sind. Das sind die Frauen, nach patriarchalischer Ideologie fürs Höhere, fürs Feinere, fürs Ästhetische und Nicht-Prosaische besonders zuständig, und das sind die Jugendlichen; alle Mädchenbildung ist vornehmlich ästhetische Bildung. Nicht als ob das ernste Leben der tätigen Männer jenseits der Kunst ablief; auch sie lebten mit Musik, Theater, Literatur, und sie waren für notwendige Entscheidungen und für den Erfolg oder Mißerfolg von Kunstrichtungen verantwortlich; aber die Breite und Dichte der kunstfreundlichen Atmosphäre hing doch vor allem mit Frauen und Jugendlichen zusammen.

Aber die neue Verknüpfung von Kunst und Leben reicht durchaus über das gebildete und auch das nicht so gebildete Bürgertum hinaus; die Aristokratie zuerst und dann auch die mittleren und kleinen Bürgerschichten werden in die Pflicht der ästhetischen Bildung einbezogen. Beim Tode Beethovens 1827 gab es schulfrei; zwanzig- bis dreißigtausend Menschen folgten dem Sarg.

Der Männergesang war eine Art volkstümlicher Teilhabe an der höheren Kultur. Und das Singen in der Volksschule war zwar nicht Erziehung zur Musik, aber Erziehung durch Musik, diente der »Veredlung des Gemüts«. Der Volksschullehrer machte Musik, spielte Geige und – aufgrund seiner Bindung an die Kirche – Orgel, wie der Lehrer Lämpel in »Max und Moritz«; er ist die leibhaftige Wirklichkeit der Wirkung der Musik ins Breite.

Seit den 1830er Jahren kamen die Denkmalsfeste und bald die Jahrhundertjubiläen auf: Sie haben immer wieder eine breite Resonanz im Volk gehabt, am stärksten das Schillerfest von 1859, vor allem im Kreise der Handwerker. Gewiß war das ein Stück versagter Politik und nationaler und liberaler Identifikation; aber ins Gewicht fiel, daß dieses Politische sich eben ans Jahrhundertfest eines großen Dichters ankristallisierte. Im Bereich der Malerei gehören – wenig später – Lithographien und Öldrucke auch in den Wohnstuben von halbwegs gut situierten Bauern und Arbeitern zu den charakteristischen Phänomenen des verbreiterten Umgangs mit Kunst. Das waren zwar Randzonen, aber gerade sie bezeugen die Ausstrahlungskraft des Zentrums.

III.

Diese Verbürgerlichung der Kunst, diese gewaltige Ausbreitung des Zugangs zu und des Umgangs mit Kunst hat deren Rolle im Leben verändert und damit das Leben selbst. Die Künste werden ein Mittel der Lebensinterpretation, sie gehören notwendig in den Haushalt des ernsthaften Lebens hinein. Das Ästhetische wird eine wesentliche Dimension des Lebens, oder doch jedenfalls der Prätention des bedeutenden Lebens, der Selbststilisierung des idealen Lebens. Kunst wird gewissermaßen ein Stück vom Sonn- und Feiertag des Lebens.

Das läßt sich auf drei Feldern fassen. Schon im frühen 19. Jahrhundert bekommt Kunst eine quasi religiöse Funktion. Das Kunstwerk wird, so bezeugt es der Sprachgebrauch seit der Romantik, Gegenstand von Weihe, Andacht, Pietät und Verehrung. Der Besuch des Konzertes wird mit dem der Kirche verglichen, das Publikum wird Gemeinde, das Sichversenken des Einzelnen in ein Kunstwerk ist Gottesdienst. Für die aus der Kirche Auswandernden ist bis zum letzten Drittel des 19. Jahrhunderts der Besuch der Karfreitagsaufführung der Matthäus-Passion oder schon des Parsifal verbindlich geworden, dieser Besuch nimmt den Rang des Karfreitagsgottesdienstes ein.

Kunst erlöst, versöhnt und tröstet. Im Umgang mit der Kunst hat der Mensch es mit der Ewigkeit zu tun, die er zu großen Teilen vor dem Altar nicht mehr findet. Nicht nur das subjektive Verhältnis zur Kunst, sondern auch deren objektive Wirklichkeit wird religiös beschrieben: Kunst ist Ausdruck des Unbedingten, des Universalen, des Weltgeheimnisses, der Tiefe des Ich, des Unendlichen, des Vollkommenen, Ewigen, Überirdischen. Ja, Kunst selber ist, so der triviale Sprachgebrauch, göttlich.

Die Kunstfeier in der populären Lyrik der Männergesangvereine gibt dafür viele Beispiele. Die Künstler sind Heilige und Märtyrer, sind wie Beethoven (im späten 19. Jahrhundert) Prometheus und Prophet, Verkünder des heroischen Evangeliums von Leid und Überwindung. Die »ästhetischen Kirchen« der Kulturbauten sind weithin sichtbarer Ausdruck solcher Sakralisierung der Kunst. Die Sprache des Quasi-Religiösen ist im nachhinein oft fremd und mit ihrem schwülstigen Pathos oft unerträglich; aber man kann den neuen Aufbruch und den Elan, der ein ganzes Jahrhundert lang das Leben mit der Kunst trägt, nur begreifen, wenn man auch die fremde Emphase ernst nimmt.

Philosophisch gesprochen: Kunst transzendiert die Welt und ist insofern ein Stück Transzendenz. Oder, jenseits solch halbreligiöser Sprache: Kunst hat es mit der Wahrheit zu tun, sie präsentiert Wahrheit und Sinn im Symbol und für das Gefühl, sie vermittelt noch – das Ganze. Kunst hebt, so hat der Kunstpapst Friedrich Theodor Vischer in der Mitte des Jahrhunderts gesagt, die Wahrheit der Religion nach deren Untergang auf. Der Künstler triumphiert gegenüber dem Konkurrenten, der Anspruch auf das Erbe der Religion erhebt, dem Wissenschaftler, weil er nicht der reinen Intellektualität verschrieben ist und vor allem nicht der Spezialisierung durch die Fachleute.

Die Klassik hat noch eine andere Bestimmung in die deutsche Tradition eingebracht, aber das ist nichts typisch Deutsches; in allen vergleichbaren Kulturen gibt es ähnliches. Kunst ist ein wesentliches Stück der Bildung. Das ist nicht in dem sekundären und flachen Sinn gemeint, daß man als »Kulturmensch« von Kunst, gegenwärtiger und vergangener, Kenntnis zu nehmen und zu haben hat. Die These meint vielmehr: der Mensch verwirklicht und erfüllt sich selbst (»bildet sich«) nur dadurch, daß er die Weltverarbeitungen der menschlichen Kultur, und also auch der Künste, sich aneignet, mit ihnen und an ihnen wächst. Kunst ist, das weiß seit Kant und Schiller jeder »Gebildete«, ein notwendiger Bestand der Durchdringung von Welt, Leben und Selbst, ein notwendiger Bestand der Entfaltung der menschlichen Freiheit und des gemeinsamen Ethos. Schillers Theorie vom Spiel der Künste und von seiner Lebensnotwendigkeit wird, wie wenig der komplizierte Gedankengang auch begriffen werden mag, eine wesentliche Basis für den so festen wie hohen Platz der Kunst im Lebenshaushalt.

Diese an Religion, Wahrheit und Bildung gebundene Funktion der Kunst fächert sich auf in eine ganze Reihe von neben- und gegeneinander stehenden Positionen, durchaus unterschieden zwischen den Künsten und den Kunstrichtungen, unterschieden zwischen den Künstlern und ihrem Publikum, zwischen den so verschiedenen Richtungen und Gruppen des Publikums. Das füllt die bisher ungeschriebene Geschichte der nicht theoretischen, sondern praktischen Ästhetik des Publikums, seiner Selbstverständlichkeiten, Erwartungen und Vorurteile.

Die wichtigsten Punkte: Musik, um vom Lieblingskind der Deutschen auszugehen, ist in der Ästhetik des Publikums immer etwas Doppeltes und gerade damit charakteristisch. Musik ist – so die Formalisten – tönend bewegte Form, Eigenwelt des Geistes. Der Hörer erhebt sich im Verstehen ihres nur ihr eigenen Zusammenhangs – jede Einzelheit erfüllt eine Funktion im Ganzen – zur Freiheit und Würde des Menschen: das ist das humanistische Pathos der Klassik, und jener Zusammenhang ist zugleich romantisch, Musik ist Chiffre der Geheimnisse der Welt. Aber sie ist zugleich, so die Inhaltsästhetiker, Ausdruck eines Inneren, Ausdruck der Bewegungen der Seele und deren Empfindung von Welt, sie vermittelt über Leidenschaft und Konflikt, Trauer und Glück ein anderes größeres Leben. Musik gehört in die Formenwelt und die Seelenwelt zugleich.

Kunst kann also als Eigenwelt und als Selbstzweck von gleichsam höherem und fast absolutem Rang verstanden werden. Sie präsentiert etwas, was der Vernutzung von allen Weltdingen anscheinend wirklich enthoben ist. Sie steht dann neben der wirklichen Welt, gegen sie, über ihr. Oder die Kunst bezieht sich auf wirkliche Welt und Welterfahrung und interpretiert sie. Dabei will die weltbezogene Kunst das Ganze der Welt, ihr Sein, ihren Zusammenhang, ihren Sinn jedenfalls in Perspektive vergegenwärtigen, eine (die) Wahrheit der Dinge und Lebensverhältnisse, jenseits der »Prosa« der Wirklichkeit, der Aufspaltungen, des Scheines, der Nützlichkeiten der Lebenspraxis, die »Tiefe« gegen die Oberfläche (und sei es auch die Tiefe der Oberfläche), jenseits der Brüche auch, die in den modernen Zeiten zwischen der Subjektivität, der fühlenden Subjektivität zumal, und der »entfremdeten« Welt- und Lebensobjektivität eintreten.

Dann wird es eine mögliche Funktion der Kunst, das Ideale oder das Utopische zu offenbaren und zu präsentieren, die Gegenwelt, oder die Wirklichkeit, zu überhöhen und zu verklären. Wenn aber das das Eigentliche der Kunst ist, steht Kunst gegen die Welt der Arbeit, der Leistung, des Verdienstes, des Erfolges – das begründet die Funktion der Kunst im Leben. Oder: der Kunst wurde – die realistische Variante – die Funktion zugeschrieben, die wahre Wirklichkeit aufzudecken, hinter Idealisierungen, Konventionen, Sentiments, auch das Unvertraute, Fremde, das Unheimliche gegen die Einsargung der großen und wahren Gefühle, gegen die Flucht in eine Über- und Hinterwelt.

Kunst ist ein Spiegel, der sichtbar macht. Kunst lebt in diesem Jahrhundert aus dem Bruch zwischen dem fühlenden Ich und seiner Welt und der in der Arbeit konstituierten Lebenswirklichkeit. Sie kann, idealistisch wie realistisch, um die Zeitkategorien zu nennen, aufs Einverständnis zielen, oder sie kann diesen Bruch, indem sie ihn und das Leiden an ihm gerade zum Thema macht, verschärfen und betonen. Sie kann – wie so häufig in der Prosaliteratur – den Bruch zum Problem in seinen vielen Varianten und zum Diskussionsthema erheben. Sie kann, wie der »poetische Realismus« in Deutschland, auf Ausgleich und Versöhnung oder den Abglanz von Versöhnung zielen und so die metaphysische Ungewißheit des Menschen ertragbar machen, den Gegensatz von Innen und Außen, Natürlichkeit und Reflexion. Musik kann »Trost« und Identifikationen anbieten, oder sie kann, wie bei Wagner, das Leben – durch den Mythos von Wesen und Gang der Welt – erneuern wollen. Kunst wird das Medium von Bildung und Humanität (die Architektur-Erinnerung an Hellas, die

Gotik, die Renaissance) und Medium der Lebensbewältigung.

Kunst also überhöht oder enthüllt die Wirklichkeit, greift sie an und widerspricht ihr oder rechtfertigt sie. Oder sie ist ein Stück kompensatorischer Gegenwelt gegenüber der Prosa der Welt von Wirtschaft und Arbeit, der Welt der Notwendigkeiten und Zwecke, die eine Unruhe der Menschen befriedigt, ihnen ein inneres Gleichgewicht gewährt. Diese gegensätzlichen Funktionen der Kunst im Leben sollen hier beiseite gelassen werden. Das wichtigste ist: Für alle, die mit ihr umgingen – die pragmatischen Geschäftsmänner, die Bildungsbürger, die nüchternen Beamten, die sensiblen Frauen und die Jugendlichen – ist Kunst ein wesentliches Organ der Welt- und Lebensinterpretation und ein wesentliches Stück des Lebens selber.

Warum wird die Kunst plötzlich so wichtig? Einiges liegt auf der Hand. Der Bedarf an Kultur, an der Präsentation einer zweiten Welt, an Sinnreflexion und Sinnpräsentation stieg an. Das Individuum trat ja aus Stand und Nachbarwelt, aus Herkunft und Tradition heraus, es emanzipierte sich zum innengeleiteten Verhalten; der Mensch handelte nicht mehr wie die Eltern und nicht mehr, wie es die anschaulichen Normen und Sinnpräsentationen der alten Welt verlangten. Norm und Sinn wurden ein Gegenstand der Reflexion, der sprachlichen Kommunikation und Verständigung des öffentlichen Gesprächs. Ästhetische Kultur war ein Medium dieses Gesprächs.

Wichtig war: die Religion schwächte sich mit ihrem Interpretationsmonopol ab und fing an, auch andere Götter, kleinere zuerst, neben sich zu dulden; und manche verabschiedeten sich, seit Goethe, mehr leise als laut von der Religion. Dann bedurfte es anderer Sinninstanzen, und die Kunst als altlegitimierte Verwalterin der Symbole bot sich an. Der Aufstieg von Kapital und Arbeitswelt machte den Werktag werktäglicher, zugleich wurden die Forderungen an den Sonntag dringlicher. Die Lockerung der institutionellen Regelungen in einer sich individualisierenden Gesellschaft setzte Gefühl frei und ebenso die Intellektualisierung der Welt durch die Wissenschaft und die Technik und die Rationalisierung des Verhaltens in einer bürokratisch-technischen Welt. Kunst gab darauf eine Antwort.

Die Fragmentierung der Arbeits- und Wissenschaftswelt, ja der Lebenswelten, steigert das Verlangen nach Ganzheiten. Das verspricht die Kunst zu befriedigen, selbst wenn sie nur noch den Bruch, das Zerbrechen der Ganzheiten, präsentieren kann. Die ersten Erben des Ganzen und der Religion, Philosophie und Wissenschaft verlieren an Kraft, verlieren den Zugriff aufs Ganze. Während für Hegel noch Philosophie und Wissenschaft der moderne und wichtigste Zugang zum Sein der Welt waren, ist es für Schopenhauer und Nietzsche die Kunst, und unter den Künsten ist es die sprachlose Musik.

Das ist nicht nur ein Stück Philosophiegeschichte, das zeigt vielmehr eine Verwandlung des Lebens an, den Aufstieg der Kunst als Lebensmacht.

IV.

Die Verbürgerlichung des Umgangs mit der Kunst und die zunehmende Bedeutung dieses Umgangs für die Lebensinterpretation und das Leben – davon war bisher die Rede. Aber das war nicht eine simple Erfolgs- und Fortschrittsgeschichte, für Künste wie für Bürger. Davon muß sogleich die Rede sein. Aber zuerst: die Künste selbst haben sich verwandelt, als ihnen ein veränderter Ort in der Gesellschaft, eine veränderte Rolle im Leben zuwuchs. Das soll nicht heißen, daß es allein die soziale Lage und ihre Funktion gewesen sind, die die Künste in der modernen Zeit verändert haben. Aber die haben ihren Teil daran.

Die Künste, das ist deutlich, lösen sich im Zuge der Kunstrevolution aus den traditionellen unmittelbaren Dienstbarkeiten, Bindungen, ja Verbindungen, sie sind – grundsätzlich jedenfalls – nicht mehr von Aufträgen abhängig. Die Kunst gibt sich selbst Ziel und Gesetz, definiert ihren Anspruch und ihr Wesen, sie ist frei, das Kunstwerk ist ein eigener Zweck, ein Zweck an sich selbst. Kunst ist – autonom.

Das ist das Entscheidende: Die Autonomie der Kunst und ihre Verbürgerlichung geschehen gleichzeitig, das steht in paradoxer Wechselwirkung. Das ist es, was die Ästhetisierung des Lebens trägt.

Kunst, inzwischen autonom, ist keinen Auftraggebern mehr verpflichtet und keinen benennbaren Kunstverbrauchern. An deren Stelle ist das – unbestimmte – Publikum getreten und vielleicht der Markt; aber davon »spricht« man nicht. Das, worauf die Kunst sich in ihrem Selbstverständnis bezieht, jenseits des unbestimmten Publikums, das ist die Menschheit, und noch abstrakter, gar die künftige Menschheit; Kunst bekommt insoweit einen futuristischen Bezug. Wenn man fragt, wem denn die Kunst verpflichtet sei, so ergibt sich also die Doppelantwort: sie ist der Menschheit verpflichtet, und sie ist sich selbst verpflichtet. Von daher erklärt sich der ungeheuer emphatische Anspruch, den die Kunst jetzt erhebt und, frei wie sie ist, ins Äußerste steigert. Musik ist als tönend bewegte Form ein Widerschein vom Sinnzusammenhang der Welt, und in dessen Verstehen erhebt sich der Hörer, das ist das humanistische Pathos, zur Freiheit und Würde der Person. Zugleich aber ist Musik Offenbarung der Bewegungen der Seele, ja Chiffre der Geheimnisse der Welt.

Das hat eine Reihe von Konsequenzen. Der emphatisch autonome Kunstbegriff tendiert dazu, die Momente von Unterhaltung und Vergnügen, Schau- und Hörlust aus der Kunst auszuscheiden. Das war in Deutschland besonders ausgeprägt, zumal im Musikleben und im Literaturbetrieb. Die Konzertprogramme scheiden die Elemente von Abwechslung und Unterhaltung aus, noch bei der Uraufführung von Schuberts nachgelassener großer C-Dur Sinfonie wurde die Satzfolge durch eingeschobene Donizetti-Arien »aufgelockert«, aber seit der Jahrhundertmitte setzt sich das geschlossene, »ernste«, werkorientierte Programm durch. Selbst die Virtuosen werden nicht vor allem an Bravour-Stück(ch)en, sondern an den großen und ernsthaften Werken gemessen, selbst in der – kulinarischen – Oper hört das Kommen und Gehen auf; der Ernst des Kunstwerks setzt sich durch.

In der deutschen Prosaliteratur ist die Scheidung der ernsten und gehobenen Literatur von Unterhaltung und Abenteuer viel deutlicher als etwa in England. Ein Fall wie Dickens, auf dessen nächste Fortsetzungsfolge in amerikanischen Häfen Tausende von Menschen warteten, bis ihnen über Sprachrohre zugerufen wurde, welche Wendung das Schicksal zum Beispiel Olivers nun genommen hatte, ist in Deutschland nicht vorstellbar, obwohl auch die großen Realisten sich des Fortsetzungsromans und seiner Spannungselemente durchaus bedienten. Im Theater freilich blieb die Koexistenz von Kunsternst und Unterhaltung durch Kunst durchaus erhalten.

Das Ausscheiden des Unterhaltungsmomentes aus der ernsten Kunst im Gefolge der Kunstrevolution führt zur gesonderten Existenz einer Trivial- und Unterhaltungskunst. Triviales und Unterhaltendes, was es immer gegeben hat, wird ein abgesonderter Bereich, ja zu der traditionellen »einfachen« Trivialisierung von Kunsterrungenschaften tritt die Möglichkeit des artistisch organisierten Kitsches. Die Unterhaltungs- und Salonmusik, raffiniert, effektvoll, virtuos, zugleich aber imitativ, gefällig, anspruchslos, ohne musikalische Substanz, sentimental und schmeichelnd, steht dafür; die Blüte des Genrebildes, die Sentimentalisierung religiöser Themen, die Ausbreitung des Wohn- und Schlafzimmerkitsches: das sind Beispiele aus der bildenden Kunst, die Gebrauchs- und Goldschnittlyrik das herausragende Phänomen in der Literatur. Und solche Nennungen lassen sich mühelos erweitern.

Die Entstehung solcher Para-Kunst hängt mit dieser Ausgrenzung des Unterhaltungsmomentes aus der emphatisch verstandenen Kunst zusammen. Dazu kommen zwei andere Ursachen. Die eine hängt mit dem emphatischen Kunstbegriff zusammen. Mit der Individualisierung der Menschen, der Innenleitung, nahmen die Bedeutung des Gefühls, das Verlangen nach Gefühlsausdruck und Gefühlsdifferenzierung zu, auch jenseits der ersten individualisierten, der gebildeten Schichten: Gefühle expandierten. Und sie waren freigesetzt, weil die vorgegebenen ritualisierten Ausdrucksmöglichkeiten der Tradition teils zerfielen, teils ungenügend waren und die emphatisch begriffene Kunst nicht mehr in der Lage war, einen einheitlichen Zeitstil zu prägen, der zumal das Mittelmaß trug. Ohne feste Sprache wurde das freigesetzte, das vagierende Gefühl sentimental. Dem neuen Sentimentalitätsbedürfnis entsprach der Aufstieg der Trivialkunst und des Kitsches. Und eben das stützt die Ausweitung der Reproduktionstechniken und deren Kommerzialisierung erst recht.

Die andere Ursache hängt noch unmittelbarer an der Verbürgerlichung der Künste. Denn mit ihr werden die Kunstkonsumenten zu einer Masse; die orientiert sich nicht mehr an ständisch-traditionellen Normen, am Urteil der einflußreichen Künstler- und Kunstverständigenhierarchien. Der »Geschmack« individualisiert sich und pluralisiert sich zugleich. In einem demokratisch ausgeweiteten und zugleich enthierarchisierten und individualisierten Publikum dieser Art entsteht eine Markt-Situation: das heißt die Konkurrenz von Kunstproduzenten um den Erfolg. In dieser Situation konnte sich das Bedürfnis nach Unterhaltung und Sentimentalität, nachdem es von der ernsten Kunst ausgegrenzt worden war, verselbständigen.

In diesem Zusammenhang wird noch etwas anderes wichtig: die emphatisch begriffene Kunst wird pluralistisch. Zunächst wird die Kunst historisch. Als die Künste bürgerlich wurden, ist die Bildung dieser Bürger gleichzeitig historisch geworden, und diese Historisierung greift auch auf die Künste aus. Vergangene Kunst wird in bisher noch nie dagewesener Weise neben der gegenwärtigen Kunst präsent, gleichberechtigt oder gar übermächtig. Die Gegenwart verliert den selbstgewissen Vorrang dessen, was ist – den bis dahin auch der Blick auf die Antike oder die großen Meister der Tradition nie wirklich in Frage gestellt hatte. Zur ästhetischen Bildung der Laien wie der Künstler gehört von jetzt an die Kenntnis und Aneignung vergangener Kunst. Museum, Denkmalspflege, Reproduktionen, das klassische Repertoire im Konzert, der Oper, der Hausmusik und im Theater, der Kanon der Klassiker der Literatur im Gedächtnis und Bücherschrank, die kompendienhaften, verfügbaren »Geschichten« der Künste oder die Reiseführer, das sind Instanzen solcher Historisierung und die historischen Kunstwissenschaften und ihre Institutionen erst recht.

Jetzt entstehen Renaissancen und mit ihnen Erweiterungen des Kanons – die Wiederaufführung der Matthäus-Passion 1829 durch Mendelssohn ist eines der berühmtesten Beispiele. Man kann Geschichten jener Historisierungen schreiben, denn vieles war noch hinter dem Horizont verschwunden und zog erst allmählich wieder herauf; die Bewertungen verschoben sich. Das museal-antiquarische Verhalten, dem alles bedeutende Alte als Gegenstand der Ehrfurcht gilt, hat sich erst langsam durchgesetzt. Für das ganze 19. Jahrhundert aber gilt: Man war von der historischen Vielfalt der

Künste umgeben, man konnte darin auswählen, aber man war auch zu geschichtlicher Ehrfurcht verpflichtet.

Umgang mit Kunst steht im Schatten der Vergangenheit und ist schon dadurch pluralisiert. Damit rückt aber auch die gegenwärtige Kunst und der Umgang mit ihr in eben diesen langen Schatten der Vergangenheit. Das Verhältnis zur Tradition, ihrer Macht und Übermacht, wird zum existentiellen Problem: die Laien haben Probleme mit dem Modernen, die Künstler mit der Tradition, Auseinandersetzung mit der Tradition wird ein Leitmotiv der Kunst.

Das gilt schon für den unmittelbaren Vorgänger: Wie soll man nach Goethe noch Gedichte, nach Beethoven noch Sinfonien schreiben? Und mit der historischen Bildung wächst natürlich das Gewicht der Tradition. Paradox gesagt: Das Klassische ist vergangene Originalität, und wenn alle Originalität gleichrangig ist, wird die Originalität der Gegenwart schwerer. Es entsteht das Gefühl, Epigone zu sein, die Künste scheinen zu altern, ihre Themen, Mittel und Formen sich zu verbrauchen, Fortsetzen der Tradition gerät unter Trivialitätsverdacht.

Das ist die Problemlage. Sie verschärft sich noch, weil die emphatisch begriffene Kunst auch zu jeglicher Konvention in Gegensatz tritt. Die Norm der autonom gewordenen Kunst ist die Originalität. Ein Kunstwerk ist Ausdruck der individuellen und einzigartigen Sicht, Phantasie, Gestaltung des Künstlers, und darin ist es selbst einzigartig. Der Originalitätsanspruch verschärft sich – sowohl gegenüber dem Künstler wie gegenüber dem einzelnen Werk.

Unter diesem Anspruch verliert der Zeitstil seine prägende und tragende, überindividuelle, objektive Kraft. In den bildenden Künsten und in der Musik spielte noch im späteren 18. Jahrhundert solcher Stil eine wesentliche Rolle, seine Kraft trug noch die Menge der nicht-genialen, der mittleren, ja manchmal auch der kleineren Talente und hat beachtliche Produktionen ermöglicht. Große Werke entstanden auf dem Boden einer jeweils herrschenden Konvention (und Tradition) im leisen Weiter- und Umbilden und Überschreiten der Regelerwartungen, aber doch noch in jene Selbstverständlichkeiten eingeordnet.

Der neue Anspruch auf Originalität zerstört solche »einfachen« Verhältnisse, Kunst – an der Musik ist das besonders gut zu sehen – kann nicht mehr einfach sein, sie wird schwieriger, weil die Konvention plötzlich gleichbedeutend mit Trivialität ist, was es noch nie gegeben hatte. Kunst überbietet Tradition und Konvention; zwischen dem bedeutenden, dem mißlungenen und dem nur konventionellen Werk gibt es keine Zwischenzonen mehr.

Mit der Zurückdrängung der Konvention endet auch die Fülle und Leichtigkeit der Produktion. Haydn konnte noch über einhundert Sinfonien schreiben und Mozart neunundvierzig, das war nun nicht mehr möglich, dazu ist der Anspruch auf »Tiefe« und »Ernst«, auf Originalität zu groß. Der Künstler also, aus den festen Bindungen an die Gesellschaft und die von ihr gesetzten Aufgaben gelöst, steht den Konventionen und Traditionen gegenüber, befreit sich von ihnen. Sie hören auf, tragende Basis zu sein, sie werden ein Problem. Oder aber diese tragende Basis zerfällt angesichts von Säkularisierung und Rationalisierung. Für die Malerei und die Dichtung zum Beispiel schwindet der bisher so wichtige Vorrat gemeinsamer Symbole aus der griechischen Mythologie und der christlichen Überlieferung, und damit die feste Ordnung repräsentativer Rollen oder die Zuordnung von Gattungen zu bestimmten Stoffen und bestimmten Mitteln. Wenn aus der Venus ein nacktes Mädchen geworden ist und aus der Majestät ein Mann mit Krone, entsteht eben für den Maler ein ganz neuer, hoch individualisierter Originalitätszwang.

Kurz, unter dem Anspruch der emphatisch begriffenen Kunst und deren Originalitätspostulat individualisiert sich die Kunst, individualisieren sich die Kunstwerke. Die stabilisierenden Außenhalte schwinden. Und das heißt auch: Kunst wird pluralistischer. Seit je gab es ein Ineinander von Vielheit und Einheit; jetzt, seit der Revolution, tritt die Vielheit der Kunst sehr viel stärker in den Vordergrund.

Historisierung und Originalitätspostulat führen

zu dieser doppelten Pluralisierung der Kunst. Unterschiedliche Stile und Richtungen bestehen gleichzeitig nebeneinander, unvergleichlich mit älteren Konflikten oder Überlagerungen. Die Frage des Architekten Hübsch von 1828 – In welchem »Style« sollen wir bauen? –, die bis dahin eine unmögliche Frage gewesen war, ist dafür charakteristisch. Stile konkurrieren plötzlich miteinander. Dem entspricht der Pluralismus des Geschmacks in einem sich verbreiternden, demokratisierten Publikum, ohne eindeutig etablierte Hierarchien, begünstigt durch den föderalistischen Polyzentrismus in Deutschland. Alle Ansprüche auf das Ideal einer absoluten Kunst sind unter diesen Bedingungen relativiert.

Der historische Pluralismus und der der Kunstautonomie wie der gesellschaftliche Pluralismus potenzieren sich gegenseitig. Die Auseinandersetzung mit der Tradition verschärft die Pluralisierung, denn in der Bestimmung, wie die Kunst im Gang der Zeiten stehen soll, gibt es natürlich erst recht verschiedene Positionen. Kunst kann sich als Oppositionskunst verstehen, gegen die Tradition von Hof, Akademien und Publikum, im Namen der Wahrheit, der Natur, der Ideale, der Kunst selbst, zugespitzt: Kunst kann sich als Avantgarde verstehen, als junge Kunst, Kunst des Fortschritts. Die Zukunft steht gegen das Altern und die Trivialisierung; Liszt und Wagner haben sich so verstanden. Aus der Vergangenheit der Kunst holt man sich Unterstützung: der Künstler, der seiner Zeit voraus war, wird ein Jahrhundertmythos.

Neben die Künstler, die stets für das jeweils Neue stehen, treten die Kritiker der sich als Modernität ausgebenden wechselnden Moden. Andere Kunst will »zeitgemäß« sein, Ausdruck der Gegenwart, mit ihr (oder ihren tieferen Bestrebungen) im Einverständnis. Oder aber Kunst stellt sich in die Fortführung einer klassischen Tradition: wenn Hans von Bülow die 1. Sinfonie von Brahms »die zehnte« nach den neun absoluten Sinfonien Beethovens nennt, ist das für diese Position charakteristisch. Von nun an gibt es die historisierenden Rückgriffe auf vergangene Epochen, die zumeist hochkomplizierten Neostile und Renaissancen. Und natürlich gibt es die Kunst, die zeitlos sein will. Zumeist ist sie idealistisch, oder sie stellt sich gegen diese und jene und alle Zeit, wie alle Kunst des Ästhetizismus.

Kurz, die Stellung zur Tradition und die Polarisierung von Tradition und Avantgarde pluralisiert die Künste weiter, und zwar ganz gleichgültig, ob es einer Kunstrichtung primär um Eindruck, Ausdruck oder Formen geht.

Schließlich, auch das Verhältnis der Künste untereinander wird pluralistisch. Die Einheit »der Kunst« schwindet. Musik ist, wie Dahlhaus formuliert, »romantisch in unromantischer Zeit«, in einer Zeit, in der andere Künste von Realismus oder Naturalismus bestimmt sind. Auch das ist eine Folge der Pluralisierung der emphatisch begriffenen Kunst.

Aus der Verbürgerlichung der Kunst und dem neuen emphatisch begriffenen Wesen dieser Kunst ergibt sich etwas Drittes. Die Rolle des Künstlers verändert sich. In der alten Welt hatten die Künstler ihren festen Platz, ihre Rolle. Maler, Architekten und Musiker, meist ohnehin aus Künstler- und Handwerkerfamilien stammend, lernten die Kunst handwerklich, waren zunächst Handwerker und angestellte Diener der Kirche oder der Fürsten, hatten Aufträge und gesellschaftlich vorgegebene Aufgaben, bewegten sich im Rahmen herrschender Normen, auch wo die Genialen unter ihnen diese gerade überschritten.

Im 19. Jahrhundert ist das alles anders geworden. Jetzt entsteht der »freie Künstler«, er emanzipiert sich von Rollen und Ämtern, auch wenn er, gerade in Deutschland, als Kunstbeamter sein Brot verdient oder wie manche der Maler (noch) von fürstlichen Aufträgen lebt. Die Künstler wählen ihren Beruf, unter den Komponisten ist der Buchhändlersohn Robert Schumann ein erstes Beispiel; sie lernen nicht mehr nach Art der Handwerker, sondern sie »studieren«. Künstler, vor allem Maler und Komponisten, leben einem »unendlichen Auftrag«, für Gott, die Ewigkeit, die Menschheit, die Kunst; frei von vorgegebenen Bindungen sind sie eigentlich nur der Kunst selber Rechenschaft schuldig – oder »nur« dem eigenen Genius.

Damit ist die Künstlerrolle emphatisch herausgehoben, ist extrem individualisiert. Hinzu kommt, daß der Künstler aufhört, naiv zu sein; er wird reflektiert, theoretisch gebildet (wie ehedem höchstens Poeten). Programme, Kommentare, Pamphlete über Absicht und Vorgehen – das alles wird wichtig und dehnt sich von den Schriftstellern und Poeten auf die Musiker und die bildenden Künstler aus. Schumann, Liszt und Wagner, Caspar David Friedrich, Peter Cornelius, Karl Blechen, Anselm Feuerbach und Hans von Marées, Schinkel, Hübsch und Semper sind dafür typisch. Die nicht redenden Künste werden in gewisser Weise »literarisiert«. Programm-Musik und Historienmalerei zum Beispiel setzen zum Verständnis ihrer Werke eine literarische, ja gelehrte Bildung voraus.

Diese neue Rolle der Künstler verändert aber auch das Publikum. Es ist nicht mehr gegeben, nicht mehr selbstverständlich. Die Autonomie der Kunst steht in Spannung zum Publikum. Manche Künstler adressieren sich nur noch an die Kunstverständigen, die Eingeweihten, oder sie distanzieren sich von den Kunstbrauchern, wie Beethoven, wenn er Sonaten bewußt schwieriger schreibt, als der Normaldilettant unter den Zeigenossen es spielen konnte. Andere wenden sich gegen das Publikum mit dem Pathos des Verkanntseins, wie Blechen oder Feuerbach unter den Malern, oder mit dem Gefühl der herausfordernden Unabhängigkeit von allem Publikumsbeifall, wie Marées. Oder aber, der entgegengesetzte Fall, der Künstler will sein Publikum schaffen, erobern und überwältigen, emporziehen, wie Beethoven oder Wagner.

Der schöpferische Künstler leidet an der Entfremdung zwischen Künstler und Publikum, je komplizierter und reflektierter und avantgardistischer die Kunst wird und je mehr soziabler Stil und gemeinsame Symbolwelt zerfallen. Das ist der Hintergrund der Versuche, ein neues Einverständnis zu schaffen, indem man auf Altertümliches, Historisches, auf Bekanntes, auf Nationales, auf Einfaches zurückgreift, damit Kunst, so der große Traum, doch wieder Gemeinschaft bilde. Malereien in und an öffentlichen Bauten oder die Verwendung des Volkslieds oder volksliedähnlicher Töne in der Musik sind Beispiele dafür; Gustav Mahler, hochraffiniert im Jahrhundertzusammenhang, geht genau diesen Weg.

Der neue emphatische Begriff der Kunst und die neue Rolle der Künstler: das führt zu der schroffen Entgegensetzung von Künstler und Bürger oder, wie es seit der Romantik heißt, Philister. Der Künstler ist einsam in der sozialen Welt, er ist Außenseiter in einer prosaischen und bornierten Gesellschaft, er leidet an dieser Gesellschaft, und er vertritt gegen sie den Sinn fürs Höhere, fürs göttliche Recht der Schönheit. Daraus entstehen die großen Jahrhundertmythen: der Mythos vom verkannten und unverstandenen Künstler, der Mythos vom Heroen, der über Leid und Enttäuschung sich dennoch bewahrt und verwirklicht. Und die Empfindsamen der Bürgerwelt, die Frauen und Jugendlichen, identifizieren sich mit solchen Künstlermythen, um sich so vom gefühllosen Teil ihrer Gesellschaft abzugrenzen. Die Resonanz der Künstlerbiographien im 19. Jahrhundert macht deutlich, welche Bedürfnisse hier befriedigt wurden.

V.

Das also war der revolutionäre Prozess der Verbürgerlichung der Künste und deren zunehmender Bedeutung für das Leben der Bürger. Damit gingen jene strukturellen Veränderungen der Künste einher, die zur Autonomie (und zur Autonomisierung) der Kunst führten. Beide Entwicklungen leben aus eigenen Antrieben, beide hängen auch in Wechselwirkung miteinander zusammen.

So paradox es klingt: bürgerliche Kunst ist autonome Kunst, autonome Kunst ist bürgerliche Kunst; Kunst wird »demokratischer«, und Kunst wird zugleich esoterischer. Aus dieser ursprünglichen spannungsvollen Zusammengehörigkeit aber entwickelt sich der entschiedene Gegensatz zwischen Kunst und Bürgerlichkeit, entwickelt sich das Un- und Antibürgerliche der Kunst. Das Verständnis von Kunst und die Erwartung an Kunst bei den Bürgern und bei den Künstlern treten weit auseinander. Zuerst fällt eine Tendenz zur Trivialisierung der Kunst bei den Bürgern ins Auge, dann aber auch und nicht minder auffallend eine Tendenz zum Esoterischen in den Künsten.

Natürlich gibt es unter den Bürgern immer und überall Banausen, die nichts von Kunst verstehen und sie mißachten, und natürlich beklagen Künstler die Kunstfremdheit und -feindschaft der Banausen. Darin aber liegt kein spezifisches Problem; das kommt erst auf, wo (und weil) die Kunst unbestritten gilt. Dann muß, wer zur etablierten Gesellschaft gehören will, sich an diese Geltung halten. Auch der Unmusikalische muß Musik schätzen, auch der »Unpoetische« die Poesie. Und jenseits der Extreme: die Zahl der Kunstmitläufer nimmt zu, weil die Zahl der Kunstpflichtigen zunimmt; und die Zahl der Kenner nimmt ab.

Damit drängen sich außerästhetische Motive in den Umgang mit Kunst, trivialisieren und bedrohen den Kern der Kunst. Deutlich wird das an dem Umgang mit Musik. Man hört, lernt oder macht Musik, weil alle Musik hören, lernen oder machen, weil es zur Geselligkeit gehört oder zum Prestige eines Hauses. Musik, vor allem Klavierspielen und dann auch Singen, verbindet sich mit den Vorstellungen von dem, was Mädchen und Frauen angemessen ist und deshalb mit der höheren wie mittleren Bildung der Mädchen. Die höhere Tochter spielt eben recht oder schlecht Klavier, so wird sie zur Symbolfigur; Klaviermusik gehört, heißt es 1876, zur »unentbehrlichen Ausstattung« der Töchter. Denn: sie hat wesentlich mit den Heiratschancen zu tun, und diese »Sitte« beeinflußt natürlich auch die Reaktionen der männlichen Heiratskandidaten, sie »müssen« sich für Musik interessieren.

Beim Konzert- und noch mehr beim Opernbesuch spielen das Sich-Zeigen, das Gesehenwerden, das Mitredenwollen ihre Rolle, und das, keineswegs ja an sich verwerflich, kann das Musikinteresse übersteigen. Bestimmte Momente des Kunstbetriebes verselbständigen sich: Sänger- und Virtuosenposen zum Beispiel, Dirigentenruhm, das Nachbeten von Zeitungskritiken. Marktmechanismen können Kunstkriterien überwuchern, außerästhetische Interessen des Publikums über Erfolg und Mißerfolg eines Kunstwerks entscheiden.

Richard Wagner hat diese Entwicklung früh im Blick auf Pariser Verhältnisse als »kapitalistisch« kritisiert; aber im vor-elektronischen Zeitalter und bei der gängigen öffentlichen Subventionierung des Musiklebens spielte der »Markt« in Deutschland noch keine entscheidende Rolle. Die Wirkungen des Außerästhetischen waren noch altmodischer. Sie konnten auch noch tiefer ins Wesen der Musik reichen. Die Leidenschaft für die Oper, das war auch Selbstgenuß verdrängter und versagter großer Leidenschaft.

Werner Sombart hat 1911 gemeint, weil es so viel Geld gebe, gebe es soviel Musik, und das führe zur Nivellierung, zur Unterhaltungsproduktion oder zum konkurrierenden Überbieten durch immer neue Reizmittel – jenseits der eigentlichen Kunst. Das war noch keine Beschreibung der Realität, das war eher eine scharfe Witterung für Probleme der Massenkultur, für Tendenzen der Zeit.

Für die Vergröberung der musikalischen Wirkungen ist das (Miß-)Verständnis der Wagnerschen Leitmotive als Erinnerungshilfen für Unmusikalische bezeichnend. Wie immer es damit stand, in diese Wirkung Wagners geht bei einem Teil des Publikums viel Außermusikalisches ein.

Für die Malerei gilt Ähnliches. Hier spielte – selbst beim Ausstellungsbesuch – das neugierige Interesse an den Künstlern, ihrer Biographie, ihren »Abenteuern«, ihren Lebensformen – zwischen Boheme und Salonhelden –, kurz, das Interesse an ihrer Unbürgerlichkeit eine wichtige Rolle; darum auch waren Künstlerfeste so beliebt.

Die Menge der Bildbetrachter und -käufer waren keine Kenner mehr, die konventionelle Durchschnittlichkeit dominierte im Geschmack und die simpleren, die gröberen Motive der Kunstschätzung unter den vielen, die es gab. Die gröberen Reize waren wichtig und vor allem: nicht das Wie, sondern das Was war bei einem Bild das Entscheidende, das Thema, das Sujet, das Unanstößige oder das kalkuliert und erlaubt »Anstößige« auch. »Was stellt es dar?« – das war die Frage vor einem Bild. Und es gab bestimmte Gattungen, die den gröberen Geschmackserwartungen mehr entsprachen: das Historien- und das Genrebild und die, im Vorkinozeitalter wichtigen, illusionserzeugenden Dio-, Pano-, Kosmoramen. Das waren Weisen, die Kunst in die Trivialität der Durchschnittlichkeit des Lebens einzubeziehen. Die zeitüblichen Festzüge, künstlerisch inszeniert, sind ein anderes Beispiel für solchen Kunstgebrauch.

Weniger grob, vielmehr durchaus fein, aber ebenso trivial, war die durchschnittliche Art des Umgangs mit Lyrik. Gedichte, so war die Leser-Vorstellung, wurden nicht mit Worten, sondern mit Gefühlen gemacht. Es entsteht eine Durchschnittslyrik aus durchschnittlichen (und sekundären) Gefühlen und Erfahrungen, durchschnittlichen Inhalten und durchschnittlichen sprachlichen Mitteln: die Inflation der Gefühle und der »poetischen« Ausdrucksweise endet in prätentiöser Banalität und einem trivialen Idealismus: entschärfter Abglanz des »Höheren« und »Schönen« im Alltäglichen. Das war Dichtung, mit der man sich identifizieren konnte, ohne die eigene Durchschnittlichkeit wirklich zu verlassen. Das war Goldschnittlyrik. Geibel, mit einer gewissen Könnerschaft, mag dafür stehen, dreitausendmal ist er vertont worden. Das konzentriert sich in den Lyrik-Anthologien, sentimental, dekorativ, erbaulich, lebensorientierend, und in den davon gespeisten Poesiealben der Töchter.

Neben die Trivialisierung im auch außerästhetisch beeinflußten Kunstgebrauch tritt die Trivialisierung durch Historisierung. Die Anwesenheit historischer Kunst in einer Atmosphäre der Bildungspflicht machte historische Kunst zum »Bildungsgut«, zum klassischen Kanon, und entschärfte sie so. Und Bildung konnte zum Besitz von Bildungspatenten, zu bestandenen Prüfungen routinisiert werden. Der literarisch kompendienhafte (und oft bloß biographische) Zugang zur Geschichte, vor allem der bildenden Künste und der Literatur, der in den Bildungseinrichtungen gepflegt wurde und dem Hausgebrauch dann diente, verstärkte diese Tendenz.

Kunst als Bildungsgut, dieser Grundtatbestand tritt in dreierlei Gestalt auf. Einmal: das Klassische verliert an Lebendigkeit; es wird auf den Sockel gestellt oder in die Vitrine. Das gilt vor allem für die Literatur. Sie wird weniger als früher gelesen, oder sie wird zum Reservoir des Zitatenschatzes degradiert, mit dem man das Reden schmückt, aber die Bücher mit den »geflügelten Worten« genügen dann im Grunde. Wo das Klassische gelesen wird, ist es oft genug eingehüllt vom zähen Schleim alexandrischer Bildungsbarbarei, wie Lagarde oder Nietzsche nicht müde wurden zu kritisieren. Oder seine Ursprünglichkeit, etwa die klassischer oder romantischer Gedichte, wird nur noch im Schatten des epigonalen Verschleißes gelesen, die inflationär gewordenen Gefühle und ihre inflationären Worthülsen schieben sich vor das ursprüngliche Gefühl und den ursprünglichen Ausdruck, auch hierfür sind die Anthologien charakteristisch.

Ein zweiter Tatbestand tritt hinzu. Der historisch gebildete Umgang mit Kunst, auch wo er die historische Kunst wirklich ernst nahm, gab dem

Alten einen deutlichen Vorrang vor dem Neuen, dem Kanonisierten vor dem Spontanen; damit befestigte er die Seh-, Hör- und Lesegewohnheiten in ihrem Konservativismus und das Normensystem mit der Festlegung des Kunstwürdigen und Akzeptablen, erzeugte geradezu einen kräftigen Traditionalismus. Die staatlich-höfische Förderung von Künsten und die Bedeutung von Akademien und Kunstschulen, die unter dem Einfluß der jeweils vorigen Generation und der nicht so schwierigen Künstler standen, ging in dieselbe Richtung. Der zunehmende Avantgardismus in den Künsten befestigte als Gegenbewegung diesen Traditionalismus des Publikums.

Schließlich bestätigte der Umgang mit Kunst als Gegenstand historischer Bildung eine Art vulgäridealistischer Ästhetik und deren Erwartungen an die Kunst. Das Gute, Wahre und Schöne hing letzten Endes zusammen, und die Kunst war auch dazu da, diesen Zusammenhang gegenüber mancherlei Zerfallstendenzen der Gegenwart aufrecht zu erhalten. Kunst war an die bürgerlichen Normen der Weltdeutung und der Moral gebunden, an die Festlegungen des Kunstwürdigen, des Akzeptablen und des Tabuisierten. Wenn die Kunst – realistisch – das Wahre, zum Beispiel das Häßliche, gegen das Schöne, ja das Gute, oder – ästhetizistisch – das Schöne gegen das, etwa photographisch, Wahre und noch einmal das Gute präsentierte, wenn sie Grenzgänge in die Tabuzonen unternahm, dann provozierte sie die traditionalistische Ästhetik großer Teile des Publikums. Die ideale oder die photographische Treue, das wurde in der Malerei gegen die große Kunst idealistischer, realistischer und nachrealistisch-symbolischer Richtung gleichermaßen vorgebracht.

Insgesamt wurde das Freie, Sprengende, Anarchische, das im emphatischen Kunstbegriff durchaus enthalten war, in der Praxis der Routinisierung und Trivialisierung historisch, traditionalistisch stillgestellt. Die Bürger des Jahrhunderts hatten zwar – in einem Akt der Kompensation für versagte Möglichkeiten des eigenen Daseins – die Verehrung des Genies weit getrieben und ins Heroische gesteigert, aber sein Kampf mit seiner Welt, seine grenzensprengende Radikalität war ins Historische, ins Ungefährliche des Siegreichen und Berühmten beruhigt. Kunst war in den Augen derer, die sie brauchen wollten, in die Wirklichkeit eingehegt; sie mochte fürs »Höhere« zuständig sein oder für die »tiefere« Wahrheit, sie war in ein großes Einverständnis, gemischt aus den Wertvorstellungen der Gegenwart und den Kunst-Vorbildern der Vergangenheit, einbezogen.

Bürger neigten zur Saturiertheit im Bestehenden und nahmen dazu auch den Anspruch der Kunst in Dienst. Das ist der Sog des bürgerlichen Kunstgebrauchs; er droht die Kunst zu trivialisieren, ihren Kunstcharakter aufzuheben. Die Verbürgerlichung der Kunst kann, wenn einseitig nur bestimmte emphatische Funktionsbestimmungen im Lebenshaushalt noch gelten, die Kunst in der Trivialisierung gerade entmächtigen.

Es geht nicht darum, sich zu verwundern, daß das Kunstpublikum vergangener Zeit anderes geliebt hat, als das, was seither Bestand und Bedeutung gewonnen hat. Das ist der normale Lauf der Dinge. Es geht um die Dominanz von Traditionalismus und – durchaus zeitgemäßer – Trivialisierung. »Gründerzeit«, zumal im Bereich der bildenden Künste und ihrer Mischung aus Pathos und Salon, scheint dafür typisch. Das zu bekämpfen zogen unsere Großväter aus.

Zunächst unabhängig von solchen Trivialisierungs- und Vereinnahmungstendenzen der Kunstbraucher, die einen Gegensatz zur eigentlichen Kunst erzeugen, gibt es eine Eigenbewegung der Kunst, die nun wiederum sie vom Publikum entfernt. Kunst wird schwieriger, komplizierter, anspruchsvoller, Kunst wird esoterischer. Der emphatische Originalitätsanspruch der Kunst richtet sich gegen die Last der Tradition wie die Konventionalisierungen eines mittleren Stils. Tradition, pluralisiert und historisiert, zerfällt, sie ist nicht mehr haltend, so sehr auch der Bruch mit ihr ein Leiden ist; die Konvention wird schnell Routine. Das Originale, das ist auch das Neue; diese Überzeugung wird zum Kriterium des Authentischen. Die autonome Kunst und die auf sich selbst gestellten Künstler sind unsicher und unruhig, experimentierend und entdeckerisch. Die Gesellschaft hat die Tendenz, sich zu stabilisieren; die Kunst dagegen ist aus eigener Notwendigkeit instabil, ja destabilisierend.

Einerseits werden alle Künste, da ihre Mittel sich schnell verbrauchen und verschleißen, eben in ihren Mitteln, ihren Formen und Techniken komplizierter und prinzipiell esoterischer; Kunst wird in diesem Prozeß mehr und mehr Kunst für Kenner, wird elitär. Das gilt gerade für die jeweils »moderne« und erst recht für die avantgardistische Kunst. Bei der Musik etwa ist der Prozeß der steigenden Komplizierung von Harmonik, Melodik, Rhythmus und Form offenkundig. Die »edle Einfalt«, die zum Beispiel das Chorsingen in der ersten Hälfte des Jahrhunderts mit dem Anspruch der großen Kunst verband, wird unmöglich, die technische Fähigkeit der Laien und die Erfordernisse einer nicht trivialisierten Komposition treten auseinander. Die Poesie befreit sich als »Wortkunst« vom Verschleiß inflationärer Sprachgesten. Die Autonomie des Ästhetischen steigert sich zur Ästhetisierung, zum Prinzip des l'art pour l'art, in der Kunst-Revolte der Literatur gegen den Naturalismus und in der Abkehr der Malerei vom – naturalistisch werdenden – Realismus.

Dazu tritt der Komplex der Inhalte, der Themen, der Weltperspektiven, oft untrennbar mit den Problemen der Form verflochten. Die Gefühlslagen, die Wirklichkeitserfahrungen und auch die Phantasien der Künstler wurden komplexer, unkonventioneller, außenseiterischer; auch dafür ist die Lyrik nach dem Zerfall der Analogie von Natur und Seele mit ihren neu zur Sprache kommenden Welt- und Icherfahrungen charakteristisch.

In bestimmten Künsten werden bestimmte Richtungen oppositioneller und kritischer gegen die herrschenden Selbstverständlichkeiten, ja modern und gar avantgardistisch – das richtet sich dann auch gegen die Weltsicht und die Werttafeln des Publikums, das ist antibürgerlich. Die Prosaliteratur ist hier besonders wichtig. Hier kam die natürliche Spannung zwischen Subjektivität und entfremdeter Welt zur Sprache. Seit der Romantik drückte sich in ihr das unglückliche Bewußtsein aus, das die Prosa des Lebens nicht nur konstatiert, sondern an ihr leidet (und darum die Kunst vergöttert), die Zwänge und Verunsicherungen des Lebens und auch die Ausweglosigkeiten deutlich macht. Die Romantik hat es zur subjektivistisch-ästhetischen Revolte gegen die Gesellschaft zugespitzt.

Der »Realismus« wandte sich gegen die romantische Revolte des Subjektivismus wie gegen die engagierte Literatur des jungen Deutschlands; aber nun kommt die naturalistische Revolte gegen die bürgerliche Welt und deren Pseudoidealitäten und – mit ihr die literarische Rebellion gegen die »Versöhnung« des poetischen Realismus, die Versöhnung zwischen Ich und Welt durch die Kunst und zwischen Kunst und Gesellschaft. Die darauffolgende entschiedene Wendung gegen den Naturalismus und gegen sein außerästhetisches Engagement wird nicht wieder bürgerlich, sondern bleibt entschieden antibürgerlich. Sie wendet sich gegen die Prosa von Nützlichkeit und Erfolgen, Macht und Geld, gegen Konventionen und Institutionen, gegen die Ideale von Harmonie und Ordnung.

In jenem Prozeß zwischen Selbstverwirklichung und gesellschaftlichen Zwängen, der die Literatur seit der Klassik bewegt, stellt sich die Kunst jetzt auf den Standpunkt der Subjektivität, auf die Seite des Individuums. Sie nimmt ein Element des Anarchischen, des Gesellschaftsfeindlichen, ja des Destruktiven auf. Verzweiflung an der Welt und Opposition gegen die Bürgerwelt steigern sich miteinander. Die Kunst wendet sich gegen den Bürgerzwang und das Respektable, sie zersetzt – direkt oder indirekt – die Bürgerwelt, etwa im Erotischen.

Diese Entfernung vom Geschmack und von den Lebens- und Wertvorstellungen des bürgerlichen Publikums war aber sehr unterschiedlich, und zwar sowohl zwischen den einzelnen Künsten als auch zwischen deren Richtungen. Die Architektur etwa ist, schon von ihren sozialen Voraussetzungen und Aufgaben her, besonders ins Einverständnis eingebunden. Der poetische Realismus, die große Prosa der Storm, Raabe und Fontane, bleibt bewußt aufs bürgerliche Publikum (und auf die Zeitschriftenleser) bezogen und will sich in deren Wirklichkeit einhausen, ohne ins Einverständnis einzugehen; und die Leser tragen ja auch diese Literatur.

In der Musik ist das Gewicht der Kenner noch größer und mindert die Entfremdung zwischen Komponisten und Publikum; daß Musik romantische Musik in unromantischer Zeit ist und sein will, verbindet sie noch einmal mit dem Publikum. Auch und gerade Wagner mit seiner Musik der Zukunft hat, vielleicht auch, weil er mit ihr den Bruch der bürgerlichen Welt heilen und übersteigen wollte, das Publikum überwältigt und ist, polarisierend und wie immer mißverstanden, ein Publikumsgott geworden.

Dennoch, über alle Unterschiede und alle Wellenbewegungen hinweg, das Schicksal des Jahrhunderts sollte die Polarisierung der Spannung zwischen den Bürgern und der Kunst sein. Die wahre Kunst stand gegen die Bürger, und die Bürger standen gegen die anspruchsvolle Kunst. Gerade aus der Verbürgerlichung der Kunst entsteht die Un-, ja die Antibürgerlichkeit der Kunst. Die autonome Kunst wird esoterisch. Das wird durch die anfangs beschriebene Trivialisierung, die Abschottung der Bürgerwelt und ihrer Werte gegen die angreifende Gefährdung durch die Kunst, der saturierten Selbstgewißheit gegen die Beunruhigungen, entschieden vorangetrieben. Die experimentierende Unruhe gegen alle Routine ist es, die zu wirklichen Gegenpositionen führt.

Das Außenseitertum der Künstler, sensibel für die Leiden und Probleme des Lebens und/oder für die esoterischen Formprobleme, intensiviert sich (und darum auch die Attraktion unbürgerlicher Lebensstile). Nicht nur der Spießbürger, sondern auch der kunstbeflissene und kunstmißbrauchende Bourgeois wird zum Gegentyp des Künstlers. Das Problem der eigentlichen Modernität, der langsam entstehenden »nachbürgerlichen« Moderne des 20. Jahrhunderts wird der Prüfstein, an dem der Gegensatz zwischen Kunst und Bürger scharf in Erscheinung tritt.

Es ist wichtig, die vorschnelle Parteinahme, die nach dem Untergang jenes Bürgertums und dem Siegeszug der modernen Kunst so schier selbstverständlich naheliegt, zu vermeiden. Bedeutende Kunst und moderne Kunst sind nicht identisch. Die zeitgenössische Polemik gegen Brahms, dessen Traditionsbezug deutlicher, dessen Modernität verborgener war, die radikal avantgardistische Kritik, die an dem Richard Strauss des Rosenkavaliers und der Ariadne geübt wurde, sind lehrreiche Beispiele für ein solches Mißverständnis. Das Moderne konnte auch das nur Modische sein; die Drohgebärde, das Neue doch nur ja nicht, wie immer vor Zeiten, in seiner Güte zu »verkennen«, erschöpft sich natürlich. Und der Rückgriff auf Tradition war nicht notwendig konventionell und abgelebt.

Viele Künstler litten ja unter dem Bruch zwischen esoterischer Kunst und Publikum und versuchten deshalb, Brücken zu schlagen: in der Musik etwa durch Rückgriffe auf Archaisches oder Volksliedmäßiges, wie das Gustav Mahler tat. Und endlich: der artistische Ästhetizismus und die anarchische Antibürgerlichkeit sind keineswegs legitimer als das Verlangen der Bürger nach Ordnung und Stabilität. Dennoch: wenn man es auf seinen ernsthaften Kern begrenzt, bleibt das Modernitätsproblem der Scheidepunkt, an dem sich der Gegensatz zwischen Kunst und Bürger zugespitzt hat.

VI.

Um 1900 ist der Zeitpunkt gekommen, da die moderne Kunst in Deutschland aufgebrochen ist, ja sich bis zu einem beachtlichen Grad durchgesetzt hat, und das heißt: sie hat ein genügend starkes Publikum, genügend bürgerliche Unterstützung gefunden. Die moderne Kunst hat sich nicht trotz der Bürger, sondern mit ihnen durchgesetzt. Wie hätte es auch anders sein können.

Besonders charakteristisch ist die Entwicklung der bildenden Künste. Hier fängt der Aufbruch mit der Revolte des Jugendstils an. So fern, esoterisch, ästhetizistisch, »typisch Jahrhundertwende« das heute scheinen mag – die zeitgenössische Kritik hat die ornamental-floralen Linien mit »gereizten Regenwürmern« verglichen –, das war die erste durchschlagende Revolte gegen Historismus und Epigonentum, gegen Surrogate und Pathos, gegen Idealismus wie Realismus. Jugendstil – das war zugleich die Vollendung der ursprünglich bürgerlichen Idee von der Durchdringung von Kunst und Leben, der künstlerischen Durchgestaltung aller Lebensbereiche. Natürlich stand am Anfang des Jugendstils eine Künstlerbewegung, aber diese fand ein Publikum, das sie stützte und trug; das war zuerst das gebildete und dann das besitzende Bürgertum. Aus diesem Aufbruch haben sich eine ganze Reihe länger und tiefer wirkender Bewegungen ergeben.

Zuerst kam die neue Architektur, das moderne Bauen, das sich, jenseits des Jugendstils, der Sachlichkeit und der Funktionsgerechtigkeit verschrieb, aber das mit einer nicht funktionalistisch reduzierbaren Klassizität verband. Peter Behrens und auch Hermann Muthesius sind Exponenten dieser neuen Architektur. Dabei sind drei Dinge wichtig. Zuerst: Diese Architektur fand schnell eine positive Resonanz, nicht nur Kritiker, sondern Auftraggeber. Nicht nur bei einzelnen wie dem Millionär, Sammler und Museumsgründer Osthaus, sondern bei Firmen, Stadt-, Bahn- und Postverwaltungen, selbst in Ministerien und bei einzelnen Fürsten. Muthesius war Ministerialbeamter und wurde von der preußischen Ministerialbürokratie gefördert, Behrens wurde Chefarchitekt und Designer der AEG unter dem Direktorat der beiden Rathenaus, van de Velde wurde zum Leiter der neuen vom Großherzog begründeten Weimarer Kunstschule berufen – drei typische Beispiele für viele Baumeister dieses Jahrzehnts. Fabriken, Rathäuser, Bahnhöfe, Warenhäuser und Konzernbürobauten, ja Kirchen und natürlich Einfamilienhäuser wurden in dem neuen Stil gebaut, Arbeitersiedlungen waren schon entworfen, als der Krieg ausbrach. Die intrigenreiche Geschichte, wie der Bau der Petersburger Deutschen Botschaft durch Peter Behrens Wilhelm II. von Beamten und Staatssekretären des Auswärtigen Amts abgelistet und trotz des kaiserlichen Entsetzens angesichts der Entwürfe auch zu Ende gebracht wurde, ist auch eine Geschichte vom Rückzug des offiziellen Geschmacks.

Was die modernen Architekten im Auge hatten, wollte auch ein genügend großer Teil des Publikums und der Bauherren: moderne Bauten für moderne Menschen – nicht nur, weil sie moderne Bedürfnisse hatten, sondern weil sie ein modernes Selbstbewußtsein hatten, das die Verhüllungssymbolik der Historisten nicht mehr brauchte, um der eigenen Humanität gewiß zu werden. Man wollte die Wiederübereinstimmung von Kunst und Leben, und zwar so, daß nicht das Leben der Kunst, sondern die Kunst dem Leben folgen sollte. Dazu gehörte bei Bauherren und Benutzern auch die Neugier, die Faszination durch das Neue, die über die Gewohnheiten von Werktag wie Feiertag hinausführte. Industriekunst, ja Industriekultur in einem ganz weiten Sinn sind darum die angemessenen Begriffe. Zum Aufbruch der modernen Architektur in Deutschland – und das war ein weltgeschichtliches und angesichts der jahrzehntelangen Konventionalität der deutschen Architektur ein erstaunliches Ereignis – gehörte der Aufbruch eines industriell geprägten spezifisch modernen Bürgertums.

Sodann: Wie schnell sich die neue Richtung, ja die neue Gesinnung etablierte, wird daran deutlich, daß die Mehrheit der traditionell oder sogar nur konventionell historischen Architekten und die Mehrheit der Jungen, wie Thiersch oder wie Kreis, zu einer mehr oder minder moderaten Halbmoderne übergingen. Das Begehren nach einer neuen ästhetischen Kultur war eben dominierend geworden, selbst wenn auch darin die Dialektik von Aufbruch und Konventionalisierung sich schon wieder andeutete.

In diesem Aufbruch gegen Historismus, Gründerzeit und Wilhelminismus sind »Linke« und »Rechte« noch vereint, Künstler, die später völkisch heißen, wie Schultze-Naumburg oder Kreis, und solche, die später entartet heißen, wie Gropius und Taut; daß Hitlers Architekt Speer bei Tessenow lernt, gehört in diesen Zusammenhang. Der Weg zwischen funktionalistischer und klassizistischer Vereinfachung, auch zwischen modernem und archaischem Monumentalstil ließ das zu. Aber das galt auch fürs kunstinteressierte Publikum sowie für Bauherren und Baubenutzer. Die Gegner der eben noch herrschenden wilhelminisch-historischen Trivialisierung von Kunst gehörten noch zusammen, zwischen »lechts und rinks«.

Diese Modernität greift dann schnell auf die ästhetische Durchdringung der Gegenstands- und Warenwelt über, von der Inneneinrichtung bis zu den Industrieprodukten des täglichen Gebrauchs.

Der Deutsche Werkbund ist die Bewegung gewesen, die die Modernität in all diesen Bereichen im Namen der sachlichen Qualität zur öffentlichen Forderung erhebt und damit ein neues Programm für die Verbindung von Kunst und Leben, Kunst und Gesellschaft setzt; er übernimmt damit für ganz Europa eine Vorreiterrolle.

Das war ein bürgerliches Programm: Architekten, Kritiker, Industrielle, Verwaltungsbeamte und Politiker tragen den Bund, und die Resonanz ist groß. Die Werkbundausstellung in Köln im Sommer 1914, im Vorautozeitalter und vorzeitig bei Kriegsbeginn abgebrochen, sah über eine Million Besucher. Natürlich blieb es eine Minderheiten- und Reformbewegung, die keineswegs die Anschauungswelt und die Fabrikation schon umgestaltete, aber sie war überall im Vormarsch und besetzte, etwa über das Gewerbeschulwesen und ähnliche Institutionen, neue Positionen.

Nicht ganz so ausgeprägt, aber doch charakteristisch genug ist der Wandel des Verhältnisses des Bürgerpublikums zur Malerei. Darin kommt die andere Seite des modernen Aufbruchs jenseits der Sachlichkeit zur Ausdruck. Das Kunstpublikum von 1900 empfand die Traditionskunst als epigonal, und zwar sowohl die pseudoidealistische wie die realistisch-photographische; man wollte etwas Neues – Sezessionskunst, Stil- und Symbolkunst vor allem, eine Kunst, die in der Welt der Unkunst, des Gewinns, der Nützlichkeiten und der Rationalitäten das »Andere« ohne hohl gewordene Idealisierung präsentierte.

Diese neue Kunst hat sehr schnell bei Kritikern und Sammlern, bei Händlern und Käufern, dem lesenden wie dem ausstellungsbesuchenden Publikum Erfolg; von den Weimarer und Darmstädter Großherzögen bis zum Grafen Kessler und noch einmal dem Millionär Osthaus, vom Kritikerpapst Meyer-Graefe bis zu den Lesern des »Kunstwart«; die Sonderbundausstellung besuchen zwar nicht so viele Leute wie die Werkbundausstellung, aber dennoch eine erstaunlich große Zahl. Die neugegründeten, meist städtischen Museen im Rheinland und Westfalen sind dafür charakteristisch. Im Rheinland fangen die städtischen Museen sogar schon an, Expressionisten zu sammeln, wenn das auch eine Sache unabhängiger Museumsleiter und der Individualität von Mäzenen ist, noch nicht eine generelle Tendenz des Bürgerpublikums.

Aber nicht die selbstverständliche Spannung zwischen Bürgern und Avantgarde ist jetzt das Auffallende, sondern ganz im Gegenteil die Nähe zwischen den Bürgern und der ersten Welle von Modernität. Diese Nähe gilt sowohl da, wo die Maler anfangen, Sehkonventionen radikal zu überschreiten, wie da, wo sie »unbürgerliche« Themen der Dekadenz oder der exzessiven Erotik aufgreifen. 1904 kommt es wegen des deutschen Beitrags zur Weltausstellung von St. Louis zwischen den Modernen (der »Sezession«), den Traditionalisten und den zwischensteuernden Anhängern eines Proporzes noch einmal zum offenen Konflikt. Mit Hilfe des Kaisers und des Hofes setzen sich zwar die Traditionalisten noch einmal durch, aber gleich danach, zum Beispiel in einer erbitterten Reichstagsdebatte, zeigt sich, daß sie auch bei den Ministerialbeamten und selbst bei den Konservativen, sofern die sich zu Wort melden, keine Mehrheit mehr haben. Es war also nur ein Rückzugsgefecht in verlorener Sache.

Besonders interessant ist, daß es nicht allein die liberale Großbourgeoisie von Berlin-West war, die diesen vorexpressionistischen Aufbruch trug, sondern ein viel breiterer Kreis. Die kommunalen und institutionellen Aufträge an moderne Maler wie Hodler sind dafür ein Beispiel. In der Musik ist für ähnliche Tendenzen der Erfolg von Richard Strauss gerade in seinen unterschiedlichen Phasen typisch, also sowohl der hochexpressiven und dekadenten Salome wie des fast neoklassischen Rosenkavaliers.

Anders wiederum steht es mit der Literatur. Die große und bedeutende Kunst, die in einem emphatischen Sinn als bürgerlich bezeichnet werden kann, war die des poetischen Realismus gewesen, die Kunst Fontanes, aber auch Storms und Raabes mit ihrem eigentümlichen Gleichgewicht von Einverständnis, Trauer und Kritik. Aber mit diesen Schriftstellern war diese Haltung zu Ende gegangen. Die erste Welle der Oppositionskunst, der

Naturalismus, schlug mit seinen Bürgerprovokationen, mit seiner »Entlarvung« aller bürgerlichen Werte zunächst nicht durch; aber über die Aufnahme spezifisch bürgerlicher Lebensprobleme, der Familie und der Frauen zum Beispiel (Ibsen), wirkte er auf Dauer. Insoweit wurde alle Literatur von ihrer Thematik her und zum guten Teil auch im Stil jedenfalls post-naturalistisch.

Die moderne Literatur von 1900 hat sich gegen das Engagement und das Sozialsyndrom der Naturalisten gewandt, sie war impressionistisch, symbolistisch, neuromantisch, wie immer man das nennen mag, sie war auf jeden Fall ästhetisch, ästhetizistisch, avantgardistisch und sie war nicht unbedingt anti-, aber betont unbürgerlich. Sie hielt ganz einfach Distanz zur bürgerlichen Gesellschaft, zu deren Tendenz, die Kunst in Dienst zu nehmen und zu vereinnahmen (wie gegen die Oppositionsmenschen, die Gesellschaftskritik zur Aufgabe der Kunst hatten erklären wollen). Jetzt ist Kunst eine Welt der Sensibilität jenseits aller bürgerlichen Durchschnittlichkeiten (auch der Wohlmeinenden), ja Kunst ist eine Eigen- und Gegenwelt; das gilt für die Themen und Perspektiven wie für die Form. Eben deshalb kann der prätentiöse Ästhetizismus eine solche Rolle spielen.

Diese unbürgerliche Kunst nach der Jahrhundertwende hat ihr Publikum, ist erfolgreich. Der Weg Stefan Georges vom Zirkelgründer zur geistigen Großmacht oder auch der Weg Rilkes sind dafür charakteristisch. Selbst der Erfolgslyriker der Zeit, Richard Dehmel, lebt von der Opposition gegen das bürgerliche Leben, indem er Leben und Lebenstaumel und Eros feiert. Aber auch unzählige Bürger sehen darin einen jugendlichen Aufbruch aus einer verkrusteten Welt, als wirklich bedeutende Botschaft, vor allem als Kunst. Der Weg Gerhart Hauptmanns vom Oppositionsliteraten zum Dichterfürsten des bürgerlich-wilhelminischen Deutschland ist ein besonders eklatantes Beispiel, denn der Naturalismus des Mitleidens wie der neuromantische Symbolismus, unbürgerlich beide, gehen in diese Repräsentativität gerade ein. Ganz allgemein haben in der Literatur die unbürgerlichen »Dekadenzthemen« und die Themen erotischer Problematik jenseits der bürgerlichen Normwelt nicht nur Konjunktur, sondern große Resonanz, gerade bei den Bürgern.

Natürlich, man darf die Sache nicht übertreiben. Die modernen Aufbrüche gehen von den Künsten aus, nicht von den Bürgern, die machen nur dabei mit und tragen sie dann ein Stück weit. Die Spannungen zwischen den Künsten und den Bürgern verschwinden nicht, nicht der Radikalismus der Avantgarde und deren Isoliertheit, nicht die krude Modernitätsfeindschaft amorph-konventioneller Art, wie sie, manchmal auch im Gefolge kluger und durchaus legitimer Modernismus- und Modekritik, sich gewissermaßen bei den »Hinterwäldlern« regt. Das wiederum führt zu immer neuen Ausbrüchen der Antibürgerlichkeit bei den Kunstrebellen und produziert geradezu eine Bürgerschocklust. Die Antwort ist selbstverständlich eine immer neue Opposition des konservativen Kunstgeschmacks, auch wenn der oft genug gestern noch selber revolutionär war. Das schaukelt sich gegenseitig hoch. Aber auch die stillere Gegenposition und Isolierung der kleinen Kreise des Esoterischen bleiben bestehen. Die immer neuen Spaltungen der Sezessionen, die »Opposition« der Expressionisten gegen den Impressionismus, in der Dichtung eine außerhalb der Schulen stehende Figur wie Wedekind: das sorgt für die Fortdauer der Bürger-Künstler-Spannung.

Aber das eigentlich Auffallende ist doch die relativ breite Zustimmung von Bürgern zur – moderaten – Modernität auch und gerade in deren Unbürgerlichkeit. Auch die radikalen Avantgarden werden von einer zwar schmalen, aber eben vorhandenen bürgerlichen Schicht getragen. Die Kunst, die aus der Bürgerwelt auswandert oder sie angreift, lebt vom bürgerlichen Publikum. Bürger nehmen sie auf, ohne daß sie sich dabei abschwächt. Bürger, die in Deutschland doch politisch und auch sozial eher konservativ waren, treten in Kunstdingen aus dem Gehäuse der Tradition und der Traditionshüter heraus, sie wollen modern sein, sie werden modern.

Erst aus Kunstaufbruch und Bürgeraufbruch zusammen erklärt sich das so erstaunliche Faktum, daß Deutschland im ersten Jahrzehnt dieses Jahrhunderts – bis dahin in den Künsten, mit Ausnahme der Musik, international eher traditionell – mit einem Sprung in die vorderste Reihe der Moderne rückt.

Aber warum sind die Bürger die Träger und die Mit-Väter der un- und antibürgerlichen Moderne, warum durchbrechen sie die von ihnen geschaffene und ihnen doch anscheinend so adäquate traditionalistische Kunstkultur? Äußere Momente liegen auf der Hand.

Politisch spielt der deutsche Föderalismus seine Rolle, die Konkurrenz der Haupt- und Residenzstädte. Der vom Kaiser wegen des Ankaufs von Impressionisten entlassene Berliner Nationalgaleriedirektor Tschudi wurde sofort Museumsdirektor in München; Darmstadt und Weimar entwickelten sich mit der Hilfe der Großherzöge zu weiteren Sub- und Gegenzentren, zu Mittelpunkten des Jugendstils. Deutschland hatte ja keine Maßstab setzende Akademie, keine dominierende Oper, keine dominierende Philharmonie.

Hinzu kam, daß die bürgerliche Gesellschaft sich in Kulturdingen in unterschiedliche Richtungen und Gruppen zerteilte. Diese Pluralisierung, die sich zunächst auf die Bildungsschicht beschränkte, griff bald auf andere Schichten über: ins Beamtentum, auf Wirtschafts- und Industriemagnaten und adlige und fürstliche Mäzene; Rathenau, Osthaus, Graf Kessler sind nur einige der

Freunde und Förderer der Moderne im Establishment. Mit der Demokratisierung des Kunstinteresses wurde der Pluralismus auch in den »neuen« Kunstschichten wichtig und verhinderte die schlichte Übernahme von Traditionen; das erklärt zum Beispiel die moderate Modernität der Leser des »Kunstwart«.

Tiefer führt die Frage nach dem Stellenwert von Politik und von Kunst im Haushalt des Lebens. Die deutschen Bürger dieser Epoche und mit ihnen die Mehrheit der deutschen Künstler waren freiwillig – unfreiwillig politikfremd oder politikdistanziert; Thomas Manns »Betrachtungen eines Unpolitischen« sind der klassische Ausdruck dieser Haltung. Die politische Welt ihrerseits war ja eine sehr geschlossene, wenig offene Welt, sie schien von Veränderungen wenig geprägt zu sein. Wo es nicht die Obrigkeit war, griff die bürokratische Organisation der Vereine, Interessenverbände um sich: auch das ließ, so schien es, wenig Luft, und der überwölbende Nationalpatriotismus war zu selbstverständlich, zu allgemein oder zu laut, um Politik zu einem offenen Feld der Lebensaktivität zu machen.

Angesichts dieser doppelten Distanz zwischen dem Bürger und der Politik wurden die politikfernen Bereiche, die Wissenschaft, die Technik, die Lebensformen und eben auch die Künste, Zentralbereiche der Wirklichkeitsauseinandersetzung, der Weltbewältigung, der Selbstverwirklichung, der

Lebenserfüllung, der gesellschaftlichen Veränderung. Das waren die Räume, in denen Veränderung möglich war, Neues, Modernität. Gerade hier fand der Modernitätsbedarf der Menschen und der Gesellschaft einen Ort.

Kunst ist um 1900 ein Ort, ein Ausdruck und ein Vehikel der Modernität. Das war nicht simple Politikflucht, sondern Ausgleich und Kompensation angesichts der politischen Verkrustungen. Politikdistanz und Kunstintensität stehen in Deutschland gerade im Modernisierungsprozeß und nicht nur in der Tradition der »Innerlichkeit« in einer Wechselwirkung. Das hört man heute nicht gern, Politik- und Kunstbegeisterung sollen bei anständigen Menschen ja zusammen bestehen – so will es der demokratische Moralismus. Aber so war es eben nicht in jener Gründungszeit unserer Gegenwart, und so ist es auch heute nicht.

Aber der eigentliche Grund für die vergleichsweise enthusiastische Aufnahme des Neuen durch das Bürgertum liegt jenseits solcher Phänomene. Die Geburt der Moderne kommt zwar nicht aus, wohl aber geschieht sie in dem Geist der bürgerlichen Kultur. Er liegt in dem spannungsvollen Urverhältnis von Bürgertum und Kunst selbst beschlossen.

Kunst hatte es im Zeitalter ihrer Verbürgerlichung mit einem der Normal-Wirklichkeit gegenüber »Anderen« zu tun, und zugleich mit dem Eigenen des Menschen und seiner Zeit, mit dem, worin er und sie sich wiederfinden konnten. Das Andere und das Eigene – das ist der Ansatz für die Modernitätsfähigkeit der Bürger. Das Andere, das war eine höhere »ideale« Wirklichkeit, vielleicht gar zeitenthoben, oder eine wahrere Wirklichkeit jenseits des täglichen Scheins, jenseits der materiellen oder erst recht der ideellen Verhüllungen und der Harmonisierungen.

Kunst hat es mit Erfahrungen zu tun, die der täglichen Durchschnittlichkeit gegenüber Grenzerfahrungen sind; Extremsituationen und Außenseiter spielen für Thematik und Personal – etwa der Literatur – eine besondere Rolle. Literatur handelt von Problemen, die nicht alltäglich ins Bewußtsein treten, von Grenz-Problemen, und entsprechend steht es mit ihren Perspektiven. Die Abgründigkeit der Subjektivität, die Unheimlichkeit von Leidenschaften, die Intensität großer Gefühle oder deren Ambivalenz, das Ausschweifen der Ironie, der zum Weltschmerz gesteigerte normale Schmerz, die zum Nihilismus werdende normale Langeweile, die Phantastik realitätsübersteigender Imagination, das sind einige solcher Grenzerfahrungen, die die Kunst – vornehmlich die Literatur – ausspricht. Musik gar ist – auf dem Grund des romantischen Konsensus vom Ausdruck der Lebensspannungen und der Innenbewegungen der Subjektivität – die Erfahrung des »Anderen« an sich.

Als die Realisten in der Prosaliteratur normales Personal, normales Leben – zum Beispiel die Arbeitswelt –, normale Situationen und Schicksale ins Zentrum stellen, bleibt die Grunderfahrung vom Anderen dennoch, wenn auch in abgewandelter Form, bestehen. Denn das Jahrhundertproblem der Literatur bleibt der Bruch und Gegensatz zwischen Ich und Welt, sensibler Subjektivität und Prosa des Lebens, die Schwierigkeit der unbeschädigten Entfaltung der Person, die Massivität der Entfremdungen und – damit verbunden – das Undeutlichwerden des Ganzen der Welt, der Wertordnungen, des Sinnzusammenhangs des einzelnen Lebens.

Die elegische, skeptische, pessimistische Einfärbung der Welt- und Lebenserfahrung dieser Literatur ist eben ein Anderes gegenüber der durchschnittlichen, moderat optimistischen und jedenfalls nicht pessimistischen Erfahrung und Erfahrungsverarbeitung des pragmatischen Bürgers. Kunstbraucher und Leser zumal hatten es immer schon mit einem der Normalerfahrung gegenüber Anderen zu tun. Dies Andere war ihnen eine Grenzerfahrung, eine Möglichkeit, es rührte ans Verdrängte, Unterdrückte und Versagte, ans Erlittene, ans Erträumte, Erwünschte, Ersehnte – des besseren Ich, des besseren Lebens.

Damit rührte es an die Tiefendimensionen des kleinen prosaischen Lebens, sensibilisierte für Ansprüche, Verluste, Versagen, Probleme, sensibilisierte das Ich und sein Wirklichkeitsverhältnis. Und weil es in der Kunst Form und Stil sind, die die

Weltgehalte und Lebensgehalte nicht nur transportieren, sondern wirklich enthalten, war die Erfahrung des Anderen als Grenzerfahrung des Eigenen für diejenigen, die sich ernsthaft auf die Kunst einließen, immer eine genuine Kunsterfahrung.

Das Andere und das Normale, das hat man im 19. Jahrhundert auch gern mit der Metapher vom Sonntag und Werktag ausgedrückt. Kunst ist ein Sonntag – nicht als Ausnahme und Fest vor allem; die Phantasien und Ängste der eigenen Werktagsexistenz kommen an diesem Sonntag zur Sprache. Darum kann man sich mit ihm identifizieren und die Werktage entlasten, bürgerliche Frauen und bürgerliche Jugend schon gar. Aber dennoch ist er der Tag des Anderen, er bleibt vom Werktag deutlich getrennt, er mischt sich nicht in die Praxis ein, er hält das tägliche Leben von Trauer und Anspruch entlastet und gibt ihm doch eine Sinndimension, das gute Gewissen, sich mit den Tiefen des Lebens auseinanderzusetzen, sich von ihnen berühren zu lassen. Wo der Sonntag vom Werktag strikt getrennt ist, hört die Lebendigkeit der Kunst auf, wo Sonntag und Werktag zueinander in Beziehung stehen, dauert sie fort.

Die Sensibilisierung der Wirklichkeitsverhältnisse, der Anspruch des – ernsten und wahren – Sonntags: das ist das allgemeine Element, das im Umgang mit Kunst Unruhe stiftet. Das stand der Einhausung im Gegebenen, stand dem trivialisierenden – dekorativen, verklärenden, unterhaltenden – Kunstgebrauch entgegen. Das war das Potential der Aufbrüche gerade bei den sensibleren Geistern, war der Ansatzpunkt, warum die Bürger auch am Unbürgerlichen Anteil hatten und an – der Moderne.

Auch die Bildung bot als Zugangstor zu den Künsten einen Ansatz zur Modernität. Ihre routinisierenden, ihre kunst-entmächtigenden und ihre traditionsverfestigenden Wirkungen sind unübersehbar, aber das andere steht daneben. Bildung enthielt immer ein Element, ein Potential freier, unruhiger Neugier auf Neues, ein »Wühlen des Geistes«, das übers Vorhandene hinauswollte. Und Bildung produzierte ständig ihre eigene Kritik.

Der Bildungsphilister und die Kritik am Bildungsphilister, das sind zwei Möglichkeiten, ja eigentlich zwei Seiten der einen Bildung. Bildung reflektiert die eigenen Verkrustungen, das Einsargen der Unmittelbarkeit der Kunst, das Gehäuse des Traditionalismus. Bildung ist potentiell Dauer-Revisionismus, und das aktualisiert sich oft genug. Bildung kann so, durch Einsicht vermittelt oder habitualisiert, das Interesse fürs Neue, für Innovationen wie Revolutionen hervorrufen, und die ästhetische Bildung disponiert auch zum ästhetisch Neuen, zur Übernahme der Künstler-, der Produzentenperspektive in den Umgang mit Kunst. Gerade die bildungsbürgerliche Jugend spielt in dieser Hinsicht eine bedeutende Rolle.

Das waren Ansätze, waren Brücken. Aber es ist ja

unübersehbar, daß gerade die Bürgerlichkeit der Bürger sie von der Unbürgerlichkeit der Kunst trennte, die Spannung zwischen Kunst und Bürger auf einen Höhepunkt trieb. Daß um 1900 Bürger es sind, die die un- und antibürgerliche Moderne in den Künsten tragen und stützen, bedarf noch immer der Erklärung. Sie liegt in drei Komplexen: Differenzierung, Modernitätskrise, Gegenweltbedarf.

Die Welt wird zunehmend komplexer, differenzierter, das arbeitsteilige Leben, die Subjektivität, die Reflexion, die Beziehung zu anderen in einer sich fortlaufend weiter individualisierenden Gesellschaft, die Liebe also, die freigesetzten Gefühle, die Seelenlagen. Das moderne Leben subjektiviert das Erleben und psychologisiert es. Abschattungen, Übergänge, Ambivalenzen werden für das Ich, seine Erfahrungen in der Welt und im Leben und natürlich in der dazugehörigen Reflexion zunehmend wichtiger, »Nervosität« und »Reizsamkeit« werden Schlagwörter, die das spezifische Lebensklima charakterisieren sollen.

Das hat Folgen für den Umgang mit den Künsten. Die in der Realität ortlose Seele gewinnt an Eigenraum und Intensität, sie hält sich an die Kunst, die moderne Seele an die moderne Kunst. Die Differenzierung und Verfeinerung der in Kunst präsentierten Erfahrungen und Seelenlagen, bei der die Differenzierung der ästhetischen Mittel und Reize die Erfahrungen differenzieren wie die differenzierten Erfahrungen die Mittel, stößt auf ein wachsendes Lebensinteresse. Das steht hinter der Musik von Richard Wagner und seinem Tristan oder der von Richard Strauss, vor allem hinter deren Erfolg. Man erkennt sich wieder, man vermag die Kunstentdeckungen, Kunstschöpfungen neuer Seelenlagen nachzuvollziehen, unklar Empfundenes in deren Licht zu verstehen. Es gibt einen Differenzierungsbedarf, den die Kunst erfüllt. Dabei macht es nichts, wenn die Kunst den Normalbedarf übersteigt – der sensible Hörer oder Leser wird noch und gerade von den Grenzfällen extremer Differenzierung (im Roman zum Beispiel) berührt: das Andere der Kunsterfahrung ist mit der Eigenerfahrung mitnichten identisch, aber es trifft sie und bewegt sie. Der Unterschied des Anderen und Eigenen macht, daß man sich ästhetisch und also distanziert zur Kunsterfahrung verhält.

Es kann aber auch die alltagsübersteigende Phantasie sein, die die Kluft zwischen der Komplexität der Kunstsprache und der Seelenwirklichkeit des Normalbürgers überbrückt. Das, was Bürger und Kunst getrennt hatte, das Gebrochene und Hochintensivierte der Erfahrungen in der Kunst, das führte sie jetzt – auch – wieder zusammen, weil die Wirklichkeit der Menschen sich aufs Hochintensivierte und Gebrochene, auf Differenzierung hin entwickelte. Das erstaunliche Phänomen, daß die Vorliebe der modernen Literatur der Jahrhundertwende fürs Morbide und Dekadente und dergleichen, Unbürgerliches ganz und gar, so große Resonanz bei den sensiblen Bürgern fand, gehört hierher: das traf einen Nerv der Zeit, daran konnte man – in der Übersteigerung des Anderen – die Gebrochenheit und Nervosität des Eigenen wiederum erfahren.

Der zweite Grund für die entstehende Nähe von Bürgern zur unbürgerlichen Modernität sind die Erfahrungen der Modernisierungsverluste und der Modernitätskrise. Die einfache sieghafte Selbstgewißheit bürgerlicher Pragmatiker, der auf Wissenschaft, Technik und Wirtschaft, auf Arbeit und Moral gegründete Fortschrittsglaube, vom politischen Credo des Liberalismus, des Nationalismus, des Imperialismus überwölbt, geriet auch im normalen, praktischen Bürgertum außer Kurs, ja wurde unmöglich. Nicht nur das – nostalgische – Gefühl für die Kosten der Modernisierung (etwa Heimat-, Geborgenheits- und Traditionsverluste) und Entfremdungen – das war ja schon seit der Romantik ständiger Kontrapunkt der Gebildeten gewesen –, sondern die spezifische Zuspitzung zum Krisengefühl, darauf kam es an. Nicht mehr Konservative und Traditionalisten waren davon erfaßt, sondern eigentlich alle, das Unbehagen in und an der modernen Kultur wurde zu einer Signatur der Gegenwart.

Die Welt ist technischer, wissenschaftlicher, rationaler geworden, entzauberter auch: rechenhafter und bürokratischer, kälter und abstrakter. Nicht nur das Vertraute schwindet, der Rückhalt an der Tradition, sondern auch das Freie und Unmittelbare. Die Reflexivität zerstört alle Unmittelbarkeiten. Sekundäre Systeme gewinnen Macht über den Menschen, Rollenteilungen und Rollenzwänge. Die primären Erfahrungen werden von sekundären Erfahrungen überlagert. Die Kultur selbst wird als ein objektiviertes System erlebt, das man sich nicht mehr aneignen, und in dem die Seele sich nicht wiederfinden kann. Handeln und Sinnreflexion treiben auseinander – es gibt keine handlungsrelevanten Symbole mehr.

Wie es mit dem Ganzen steht und wie mit dem Sinn, das gerät ins Ungewisse: die religiöse Weltinterpretation hat ihre Kraft verloren, aber auch die sie beerbende Wissenschaft, die wir der Spezialisierung und der positivistischen Tatsachenerhebung erliegen sehen: sie bieten keinen Ausblick aufs Ganze und keinen auf den Sinn. Gerade die Wissenschaften haben ja die Verschärfung der Krise produziert: sie haben die Selbstverständlichkeiten älteren Lebens analytisch aufgelöst, die Bestände von Normen und Werten relativiert, historisch, psychologisch, soziologisch pluralisiert. Der Mensch zweifelt an seinen Gewißheiten, lebt perspektivistisch und experimentierend, sein kulturelles Selbstvertrauen schwindet, er rebelliert gegen Rollenzwänge. Das sind Probleme, die verbreitete Krisengefühle provozieren. Aber der springende Punkt ist: diese Krisengefühle gegenüber der Modernität stehen und bleiben ganz entschieden auf dem Boden der Modernität. Die Problematik des Modernen wird nicht mehr im Horizont einer vermeintlich unproblematischen und gar verklärten Tradition gesehen, sondern im Horizont der Moderne selbst. Es ist eine zweite Stufe der Modernität.

In dieser Hinsicht ist Nietzsche die herausragende Figur, der Modernen-Kritiker, der nicht nur als Modernist »gilt«, sondern auch wirklich der Protagonist und Vater einer neuen, einer zweiten Moderne ist. Aber auch die Tendenz zu Sachlichkeit und Funktionalität in der modernen Architektur und bei ihren Befürwortern, die zum Dekadenten oder zum Anarchisch-Chaotischen in der Literatur sind modernitätskritisch auf der Basis gerade potenzierter Modernität. Diese Seelenlage macht die Resonanz der modernen Kunst verständlich. Denn es war gerade die moderne Kunst – sachlich, subjektiv-expressiv, gestaltauflösend, evokativ –, die die bisherige rationale und eben bürgerliche Modernität und ihre Defizite angriff, entlarvte, überbot, sie außer Kraft setzen, radikal umformen wollte.

Die moderne Kunst entsprach den Krisenerfahrungen, denen keine Traditionskunst mehr genügte. Sie sprach das Moderne modern aus – und die modernen Befreiungen zugleich. Gerade weil Kunst Kunst war, nicht logozentrisch, nicht rationalitätsdominiert war, war sie das Organ der modernen Kritik der Rationalitäts-Modernität. Für moderne Bürger war solche Kunst ein Spiegel der modernen, der eigenen Lage, ein Stück Lebensinterpretation und manchmal ein Stück Orientierungs- und Lebensführungshilfe.

Eng verbunden mit der Dialektik der Moderne ist das Dritte, der Gegenweltbedarf, der Kompensationsbedarf. Er tritt neben den Identifikationsbedarf der von den Problematisierungen der Modernität Betroffenen. Wenn zum Beispiel das Leben nichts mehr Elementares und Unmittelbares aufweist, so soll das in der Kunst erscheinen. Die zunehmende Entsinnlichung der realen Welt wird durch – freilich neue – Sinnlichkeiten der Kunst kompensiert, die Fragmentierungen durch den Ausblick auf Ganzes, die Leistungswelt durch ein neues »Sein« (und sei es bei beidem auch in der Perspektive des Mißlingens, des Bruches und des Ausstehens), die Verkrustungen durch Aufbrüche; in der Versachlichung der Realität und den Entäußerungen und Entfremdungen des Inneren werden neue Romantik, Innerlichkeit, komplexe Subjektivität, Gegenwelt, das Morbide und Leidende gegenüber pausbäckiger Gesundheit, die »neue« Natur der bildenden Künste gegenüber dem Naturschwund der Realität wichtig.

Kurz, das Andere der rebellischen modernen Kunst, das Grenzüberschreitende, Fremde – exzentrisch, dekadent, esoterisch –, das Antibürgerliche war in der problematischen Normalität und Durchschnittlichkeit eine neu legitimierte Gegenwelt. Nicht weil die Bürger verunsichert sind, sondern weil sie in Bewegung sind, weil ihre Unruhe in Spannung zu ihrer Ordnungsliebe steht, gewinnt das Gegenweltliche solchen Rang. Vor allem ist es die Autonomie der antirealistischen Kunst der Moderne, die eine merkwürdige Anziehungskraft entwickelt; gegen den Schwund der bürgerlichen Normalgewißheiten und der Objektivität stellt die Selbstgewißheit autonomer Kunst oder auch die Selbstermächtigung exzessiver Subjektivität in der Kunst eine Gegen-Instanz dar. Mit der Autonomie gewinnt auch der Ästhetizismus, antibürgerlich von Hause aus, den bürgerlichen Respekt als Gegenwelt. Ästhetizismus und Formalismus, Proteste gegen die bürgerlichen Vereinnahmungen waren als Gegenbild zu bürgerlicher Durchschnittlichkeit auch ein Bedürfnis von Bürgern.

Kompensation und Gegenwelt also. Das gilt auch deshalb, man darf die Dinge nicht überspitzen, weil die Bürger natürlich nicht die Rebellion der Moderne übernehmen; aber sie kündigen punktuell das Einverständnis mit ihrer Normal-Welt. Eben deshalb akzeptieren sie die Rebellion, bis zu einem gewissen Grad, als kompensatorische Gegenwelt. Anders gesagt, die antibürgerliche Verschärfung von Bürgerproblemen in der modernen Kunst konnte als Eigenes und Anderes zugleich aufgenommen werden. Die sensiblen Geister und Seelen der Bürger standen in ihrer Welt und standen auch aus ihr heraus. Der Umgang mit der Gegenwelt hielt die Normalität im Gleichgewicht.

Das Gegenweltmodell und das Identifikationsmodell der Seelendifferenzierung, der Modernität und ihrer Problematik, gehen ein in das eigentümliche Phänomen, daß die moderne Kunst sich noch einmal wie um 1800 als Religion und als neue Religion versteht. Franz Marc und Rainer Maria Rilke sind herausragende Exponenten eines solchen Verständnisses, aber keineswegs die einzigen. Das war nicht nur Selbstinterpretation von Künstlern, sondern das sprach das vagierende religiöse Gefühl der Zeitgenossen an, die auf der Suche nach weltimmanenter »Religiosität«, nach Ganzheit und Sinnbestimmung waren. Auch von daher hatte die moderne Kunst Resonanz, Offenbarungs-Resonanz.

Das läuft darauf hinaus, daß die Bürger am Beginn des 20. Jahrhunderts die Differenzierung der Innerlichkeit, die Problematik der Moderne zugleich mit der Problematik der Tradition erfahren – also im Bekenntnis zur Moderne, und sie erfahren im Auseinanderfallen der Welt zwischen Subjektivität und Institutionen den wachsenden Gegenweltbedarf. Darum werden sie, die doch auch die Versteinerungen und Trivialisierungen der Künste getragen hatten, jetzt die Träger des weltgeschichtlichen Aufbruchs ins 20. Jahrhundert.

Typisch, jenseits aller spekulativen und vielleicht komplizierten Interpretation dieser neuen Konstellation im Verhältnis von Bürger und schönen Künsten ist Thomas Mann. Er nimmt das Thema Künstler und Bürger als eines seiner Lebensthemen auf und zeigt dabei, worin denn die Berührungszone der antibürgerlichen Künstler und der bürgerlichen Kunst»konsumenten« lag: nur deshalb gewinnt das scheinbar esoterische Thema, die Selbstbespiegelung und -reflexion des Künstlers, allgemeine Bedeutung. In den Figuren der Künstler und auch der Bürger handelt er vom Spannungsverhältnis von Normalität und Andersheit, von Entfremdung und Beisichselbstsein, von geordnetem Leben und fruchtbarer Anarchie, von der Leistungswelt und dem Sog von Abgrund und Chaos.

Solche Spannungen betreffen die Künstler, auch sie sehnen sich nach den »Wonnen der Gewöhnlichkeit«, und sie betreffen die sensiblen Bürger desgleichen, und darum gehören beide zum Personal des Mannschen Werkes. Aber es geht nicht um die alten – romantischen oder jungdeutschen – Entgegensetzungen, es geht um Mischungen und Ambivalenzen. Die Kunst ist durch die ästhetizistische, exzentrische Kunst, durch sich selbst also, bedroht und ebenso durch die bürgerliche Normalität, und die Normalität der Bürger ist durch ihre eigene Massivität so bedroht wie durch den Abgrund-Sog der Kunst.

Das Bürger-Leben ist bestimmt vom Leben in der Kultur und vom Unbehagen an der Kultur. Im

Doktor Faustus ist das Thema noch einmal aufgenommen, in seiner spezifisch deutschen Variante, und vollendet. Vor 1914 ist es mit dem Thema zugleich und gerade der Stil, die ironische Distanz und Betroffenheit, womit Mann genügend starke Leserwirkung erreicht. Noch einmal: Das Leben in der Kultur und das Unbehagen an ihr zeichnen sich ab.

Die Rebellen gegen die bürgerlichen Großväter haben die Moderne geprägt. Sie hatten keinen Anlaß, vom bürgerlichen Ursprung der Moderne zu sprechen. Aber das ist lange her. Nun haben auch diese Großväter, hat auch das 19. Jahrhundert Anspruch auf Gerechtigkeit. Von der Größe des Bürgertums darf wieder gesprochen werden, von der Größe im Aufbruch der Moderne. Das Bürgertum, durch Bildung geprägt, ist als Klasse untergegangen, ja als Lebensform. Aber in dem, wovon hier die Rede war, dem Leben mit der Kunst, haben wir seinen Lebensentwurf übernommen und verallgemeinert. Der moderne Umgang mit Kunst als Teil der Lebenserfüllung ist Erbe des Bürgertums, wir sind seine Erben. Davon brauchen wir nicht zu schweigen.

Thomas Nipperdey

geboren 1927, Professor für Neuere Geschichte, seit 1972 an der Universität München. Gastprofessor am Institute for Advanced Study, Princeton/USA 1970/71, 1978/79, 1984/85 sowie am St. Antony's College, Oxford/England 1974/75. Historikerpreis der Stadt Münster, 1984. American Academy of Arts and Sciences, 1985.
Veröffentlichungen: Die Organisation der deutschen Parteien vor 1918 (1961); Reformation, Revolution, Utopie (1975); Gesellschft, Kultur, Theorie (1976); Deutsche Geschichte 1800–1866 (1983, 1985[3]); Nachdenken über die deutsche Geschichte (1986).

Reihe *CORSO* bei Siedler

Konrad Adenauer
BRIEFE ÜBER DEUTSCHLAND
120 Seiten mit Abbildungen, Leinen

Egon Bahr
ZUM EUROPÄISCHEN FRIEDEN
Eine Antwort auf Gorbatschow
104 Seiten, Leinen

Peter Bender
WENN ES WEST-BERLIN NICHT GÄBE
104 Seiten mit Abbildungen, Leinen

Rainer Bieling
DIE TRÄNEN DER REVOLUTION
Die 68er – zwanzig Jahre danach
128 Seiten, Leinen

Hartmut Boockmann
DIE GEGENWART DES MITTELALTERS
96 Seiten mit Abbildungen, Leinen

Willy Brandt
DIE ABSCHIEDSREDE
96 Seiten mit Abbildungen, Leinen

Marion Gräfin Dönhoff
PREUSSEN – MASS UND MASSLOSIGKEIT
80 Seiten mit Abbildungen, Leinen

Joachim Fest
DIE UNWISSENDEN MAGIER
Über Thomas und Heinrich Mann
144 Seiten mit Abbildungen, Leinen

Heinz Friedrich
MEIN DORF
80 Seiten mit Abbildungen, Leinen

Klaus Fußmann
DIE VERSCHWUNDENE MALEREI
2. Auflage · 140 Seiten mit Abbildungen, Leinen

Andreas Hillgruber
ZWEIERLEI UNTERGANG
3. Auflage · 112 Seiten, Leinen

Werner Knopp
WOHER, BERLIN, WOHIN?
96 Seiten mit 10 ganz- und doppelseitigen Abbildungen, Leinen

Hermann Lübbe
POLITISCHER MORALISMUS
128 Seiten, Leinen

Christian Meier
POLITIK UND ANMUT
124 Seiten mit Abbildungen, Leinen

Karl Schlögel
DIE MITTE LIEGT OSTWÄRTS
128 Seiten mit Abbildungen, Leinen

Helmut Schmidt
VOM DEUTSCHEN STOLZ
Bekenntnisse zur Erfahrung von Kunst
2. Auflage, 96 Seiten, Leinen

Wolf Jobst Siedler
AUF DER PFAUENINSEL
5. Auflage, 104 Seiten mit
Abbildungen, Leinen

Wolf Jobst Siedler
WANDERUNGEN ZWISCHEN ODER UND NIRGENDWO
144 Seiten mit Abbildungen, Leinen

Michael Stürmer
SCHERBEN DES GLÜCKS
104 Seiten mit Abbildungen, Leinen

Peter Wapnewski
LIEBESTOD UND GÖTTERNOT
104 Seiten mit Abbildungen, Leinen

Richard v. Weizsäcker
VON DEUTSCHLAND AUS
Reden des Bundespräsidenten
13. Auflage, 112 Seiten, Leinen

Der Siedler Verlag ist ein gemeinsames Unternehmen der Verlagsgruppe Bertelsmann und von Wolf Jobst Siedler.

CIP-Titelaufnahme der Deutschen Bibliothek

Nipperdey, Thomas: Wie d. Bürgertum die Moderne fand/
Thomas Nipperdey. – Berlin: Siedler, 1988
Corso bei Siedler
ISBN 3-88680-334-1

 Satz: Bongé + Partner, Berlin. Ausstattung: H. P. Willberg, Eppstein/Ts.. Druck und Buchbinder: Clausen & Bosse, Leck.
Umschlagfoto: Gropius, Klee und Bartok
1927, Dessau (Bauhaus-Archiv, Berlin).
Printed in Germany 1988
ISBN 3-88680-334-1